長銷
20年
經典

成功9步驟

誰都能做到！一生富足的終極秘訣

LIVING THE DREAM：

THE 9 STEPS TO A SUCCESSFUL LIFE

詹姆斯・史金納——著
JAMES SKINNER

謝如欣——譯

給臺灣讀者　改變千百萬人、超乎想像的成功秘笈

向親愛的臺灣讀者致上問候。

我是數百家國際公司和政府部門的管理顧問、受歡迎的電視評論員及名人、大型諮詢公司的CEO，更擁有數十億美元的全球對沖基金。

繼巴克敏斯特．富勒（Buckminster Fuller，美國知名哲學家、建築師、發明家）之後，我也被封為「最偉大的天才」「靈性領導者」「啟發者中的啟發者」「當代最偉大的企業思想家」等。

我一向擁有多重身分，外交人員、經濟學家、作者、法律顧問、科學家、醫學研究者、會計師、大學教授，同時是瑜伽士、佛教僧侶、基督教傳教士、美國海軍、陸軍和海軍陸戰隊領導者培訓師。目前喜歡大家稱呼我瑪哈哪達（Mahananda是梵文中的「大歡喜」或「極致幸福」）。

我總是不斷立定目標，並以超凡行動力一一實現，包括訓練自己成為太空

人，成功搭乘太空梭（MIG-25）飛上外太空看地球，駕駛直升機；受過多種武術訓練，曾在俄羅斯和泰國與特種部隊一起訓練；跳傘，在火上行走；攀登基力馬扎羅山（Mt. Kilimanjaro，號稱「非洲屋脊」），到祕魯馬雅文明的馬丘比丘，在南非與大白鯊一起游泳；完成許多全程馬拉松和鐵人賽，擊敗棋盤高手；在恆河沐浴，在喜馬拉雅山冥想靈修，將古文瑜伽經翻成日文和英文；撰寫關於演化論的論文，甚至以音樂的自然基礎為主題。

我曾在多國旅居，把語言說得比當地人好；操作解剖，參與腦部手術；申請數百個專利，寫電腦程式；寫出二十本暢銷書，賣出數百萬本；設計服裝品牌，錄製原創歌曲專輯，出售原創畫作。也曾邀請數千名孤兒到迪士尼樂園，為安第斯山區營養不足兒童建造綠色溫室和廚房，派遣緊急醫療團隊進入印度災區，改善巴西貧民窟，安排印尼兒童接受眼部手術。

相信我這輩子活化人生的事，肯定比你身邊認識的任何人還多！

我會見過多位世界級領袖，從日本天皇、美國總統、宗教領袖、億萬富翁、電影製作人、藝人，奧林匹克選手和教練到慈善家等，他們與我分享的知識與經驗，是學校學不到的知識，朋友不能給你的東西。

自《成功9步驟》在日本發行至今已經二十年，經典不敗，歷久不衰。我直接教授五十萬人，間接大幅提升了千百萬人的生命品質。這本書，一直為各行各業的人帶來無數顯著的轉化。激勵大家放手一搏，克服情感和信念上的障礙，創新突破，誘發財富及人際潛能，並實踐身心靈全方位的健康及豐盛。最重要的是，在生命中找到深刻的意義及使命。

我用我最熱切真摯的心，希望這本書的出版將為所有臺灣讀者帶來一個成功、幸福和滿足的飛躍新人生。

你夢寐以求的成功，就鋪在《成功9步驟》上。我期待很快見到你的蛻變。

詹姆斯．史金納　二〇二三年八月五日

推薦序

成爲吸引豐盛的人，就能找到豐盛！

陳瀅妃

我跟詹姆斯是二十幾年的朋友，在紐約認識。當時他已是日本紅人，常上電視。

初次見面時，我想知道他如何在日本走紅？擅長使用超越言語的解釋、經驗取向專家的他，深信經驗決定一個人看世界的態度。二話不說，他直接用眼睛催眠我……當下立刻感受到一股強烈的電流貫穿全身、暈、時空變化（我是個容易看見自己前世畫面的人，當時意外看到一些我跟他的前世畫面，是有累世因緣的。）我滿臉訝異，他很滿意。他說自己溝通的方式因人而異，量身訂做。若跟商業、政治界的人必然不同，他認識及接觸的世界級偉人、名人遠遠超越我們的想像。他不見得會用眼睛催眠每個人，只是因為當時的我正在學艾瑞克森深度催眠，他用我內在最好奇、最想探索的世界觀跟我說話。他善於秒速觀察人，知道對象是誰？採取不同策略。

接著他轉而盤腿坐在實木地板上，要我推動他。但不管我怎麼使力，他不動如山。他用柔軟的禪定眼神笑說，專精合氣道、修行及各國武術的他，內在核心陰陽合一，剛毅堅強裡有著雙贏思維。在他的演講、工作坊講台上，十幾個大男人都推不動他，只見一個一個撲上來的人被他見招拆招、借力使力地弄倒在地，然後又被他扶起來教導成功學技巧。武術及修行被他幻化成實用的成功學與人際、商政界技巧（數百個國際知名企業老闆及美國特種部隊皆找他當顧問。）

詹姆斯把史帝芬・柯維引進日本，他不只是柯維眼中《與成功有約：高效能人士的七個習慣》的絕頂代言人，甚至青出於藍勝於藍，更是日本人眼中的成功學教父。

他邊笑邊說在日本電視上示範過的瘋狂事跡，例如：運用權威讓人快速戒菸。擅長心理學的詹姆斯借力使力，藉著日本人重視權威的傳統，用嫌惡刺激加矛盾催眠，讓參與者含著滿口香菸（嘴巴多大，就含多少根），薰到、嗆到自己，還被迫跑山路，吐了以後，一旁助理仍繼續遞菸，弄到滿口混濁、滿臉淚水及口水……這是電視實境秀，在心理學與權威雙重主宰下，那天全部的參與者從此戒菸，看到菸就怕（看到詹姆斯也怕）。

詹姆斯是個幽默的超級夢想實踐家，行動派的他每年帶著日本CEO世界旅遊無數次，挑戰各種巔峰極限；而且最棒的是當他睡覺、度假時完全不用擔心金錢，睡夢中持續有著甜美、豐沛的大量被動收入進帳。他財富自由，在日本呼風喚雨。

他在紐約給了我《成功9步驟》的英文書稿，就是這本歷久不衰的經典。希望我也用積極行動力幫自己及身邊的人織夢鋪路，活出夢想無上限的生活。

我跟詹姆斯二十年後的重逢是個有趣的夢想顯化過程。

二〇二二年五月，我正在玩催眠，當我的潛意識搜尋「誰是我職涯發展的最佳成功典範」，看見詹姆斯的影像浮出，原來我一直套用他的模板，學他冒險、演講、寫書、做工作坊，他深深影響著我多年……同年六月底是他生日，我祝他生日快樂，他突然說國際巡迴的其中一站要來台灣，並且希望由我來辦。從此，我成了他在台灣的指定橋樑。

我不知道催眠竟能將真人顯化到現實生活中，但詹姆斯說他經常這樣做，只是把腦子極致運用的技巧之一。後來我發現，詹姆斯二十多年來早已演化成一個奇蹟及巧合的大師，擅長種下驚人的顯化種子。他在二〇二二、二〇二三年各來台一次，教授「飛躍的人生：奇蹟法則」。

其實，他在世界巡迴之前，曾跟達賴喇嘛見面多次。他曾入廟嚴格修持，想見達賴喇嘛，念力一發出去，達賴喇嘛竟主動派人來找他。他們交流彼此的任務及使命，並認出是「前世舊識」。而熟稔聖經的詹姆斯莫名能上手梵文，這讓人很納悶且難解釋。一向慣用實務及科學依據的他，開始用更高頻的現象介紹人生。

他不喝酒，不喝咖啡，不抽菸，這些都是阻擾他下載訊息的物質，人生後半場的他，大多是用下載訊息的方式寫書，高頻轉換後的成果。

他曾問我：「五年、十年後，妳在哪裡？」實踐多年後，如同他的經典解答是：「成為對的人，就能找到對的人；成為吸引豐盛的人，就能找到豐盛！」

感謝命運讓我遇見詹姆斯。他讓我積極體驗要改變什麼樣的心態，突破什麼樣的限制性信念，跨越什麼樣的障礙與框架，就能活出您理想的美好人生！

這，絕對是改變您人生的一本經典好書！

（本文作者為諮商心理師、婚姻家庭治療暨前世今生催眠專家）

目次 CONTENTS

第二部 四個基礎 065

STEP 3 得到無限的健康（健康） 136

第五部 開始實踐 379

結語 390

第一部

邁向成功之道

The Road to Success

來，我們開始吧！

你是為了成功而生，你生來就是這樣的人。每一天，你都希望自己成功。每個人對成功的定義不同。對你來說，「成功」是什麼？無論那是什麼，成功都值得你追求。讓我助你一臂之力吧。

你好，我是詹姆斯，很高興見到你。希望有一天能和你直接見面，不過在那天到來前，我們就先透過這本書對話。

本書談的是成功。書中會告訴你如何得到想要的一切，以及享受這段過程的方法。此外，我也寫了如何獲得更多財富、豐富的人脈、健康與活力，以及釋放壓力、讓事業成功、達成目標的訣竅。

換句話說，本書不僅為生活的每個層面提出改善的方法，也說明何謂「成功的科學」和「充實的藝術」。本書會給你一個實現夢想的契機。簡單來說，這就是一本為你而寫的書！

你想成功。想過更充實的人生。每天千篇一律的生活，無法帶給你滿足。你覺得你應該是為了成功、為了實現夢想而生，而且想知道達成這目標的方法。

恭喜你正在讀這本書。希望成功的人很多，但實際採取行動的人很少，而你就是那少數人之一。接下來的內容，就是為採取行動的你而寫。這本書是地圖，能引導你通往夢想的人生；這本書也是羅盤，能指引你邁向更符合理想的人生。

這本書只看一遍是不夠的。這是每天都要讀上一回的書。我不但會促使你產生動機、得到啟發、挑戰極限，也會在背後適時地鞭策你、推你一把。

我非常幸運，有機會能跑遍世界為五十萬人進行指導。在以往的經驗中，我總是不斷聽到相同的話：

「我想過更美好的人生，卻始終無法開始展開行動。」

「我一直追求成功，力爭上游，卻從來沒有充實的感覺。難道人生就只有這樣嗎？」

「時間總是不夠。要忙著帶孩子，又得應付例行性工作，非做不可的事堆積如山，害我找不到時間去做真正重要的事。」

「我們的公司絕不會改變，上司對這樣的思維毫無興趣。他如果不改變，我也無能為力。」

「我當然有目標。咦？你問我有沒有寫下來？沒有，我都是用想的。」

「競爭很激烈，業績始終不見起色。許多企業提供的商品和服務，都和本公司雷同。我們到底該怎麼做，才能在競爭中取得優勢？」

「我很清楚，自己應該要改善生活習慣、減輕體重才行。可是，我每次減肥後都會復胖，結果前功盡棄。」

「經濟不景氣的情況非常嚴重。在這樣的大環境下，要怎麼做才能獲利？」

「孩子完全不聽我的話，夫妻關係也降到冰點。我很重視我的家人，但他們總是無法明白我的心意。」

你是不是也說過類似的話？許多人追求更充實的人生，卻不知該如何實現。他們困在**過時的行為模式和思考模式**的陷阱中，所以才會遇到瓶頸，處處碰壁。

愛因斯坦曾針對這種困境說過：「當我們面臨重大的問題時，如果繼續沿用跟製造問題時同等的思維，是無法解決問題的。」

《與成功有約：高效能人士的七個習慣》作者史蒂芬．柯維也曾在書中說：「因行動產生的問題，無法只靠言語解決。」

趁現在改變自己的行為，將思維提升到新的層次吧。成功的時刻已經來臨。

現在正是為自己圓夢的好時機！

我向你保證，不論你的夢想是什麼，只要讀完本書，你都能學到可以幫助圓夢的點子、策略、工具和實踐法，而原本模糊不清的夢想，也會變得清晰可見。

常有人說：「不論是哪種人生，都會成為啟發或警惕。」你的人生會成為哪一種，答案應該很清楚吧。

希望你現在就能開始投入。在這個當下，這個瞬間，下定決心實現夢想吧。別再安於沒有發揮全力的自己了。

下定決心去實現夢想吧！

我和你非常相似。我也很清楚，人生會遇到許多難題。我在小康家庭長大，在東京老街區的狹小公寓住了整整八年。當時的我總是希望有好事發生，也曾為了和戀人分手、人際關係崩壞而心痛。我曾為了失去健康而煩惱，也曾目睹父親罹癌去世時的慘狀。

就在那時，我開始學習**「成功的技巧」「會帶來不同的不同」**和**「成功9步驟」**，也就是我要透過本書向你介紹的概念和方法。這些內容可以幫你全面翻轉自己的生活。

我手頭變得寬裕，成功減掉十六公斤，建立起豐富的人際關係，還幫母親找回了健康。我搬進最愛的城市東京市中心大廈的三十九樓，能將二百七十度的風景盡收眼底。

我以前的興趣是看電視，在週六早上賴床。現在，我開始享受開直升機、玩滑雪板和水肺潛水的樂趣。以前的我唱卡拉OK就被嘲笑，現在卻出了個人專輯，裡面收錄了十五首由我作詞作曲的歌。

我辭掉壓力和充實感不成正比的技術資料翻譯工作，開始指導全世界的企業家，在幾千人面前演講。這是一份讓我打從心底熱愛的工作。

我的意思不是生活中的問題和挑戰會統統消失，畢竟人生就要有問題和挑戰才有趣。那些問題和挑戰依然存在，只是性質改變了。你或許不再煩惱要如何修復崩壞的人際關係，而是考慮要在哪裡慶祝和理想伴侶的紀念日。你或許不再擔心要怎麼付月底的帳單，而是考慮如何打理自己的財產，進行哪些投資。

我的好友東尼·羅賓（Tony Robbins，世界知名的成功學大師）曾這麼說：「錢不能解決所有問題，但有了錢後，就能以最帥氣的方式處理那些問題。」

成功是過程，而非終點。會帶來真正幸福的不是抵達目的地，而是這一路上的經歷。從今天開始，你能過為別人帶來啟發的生活，享受旅程中的每一步，度過充滿意義的人生，讓心靈得到滿足。

首先要了解，你已經具備所有成功的必要條件，告訴自己：**「我擁有成功的一切要件。」**你的語氣要更堅定，更大聲更快的說。你要不斷說，說到讓自己深信不疑。試著在起床時及就寢前說。你問為何要這麼做？因為這就是事實。

麥當勞的創辦人雷・克洛克（Ray Kroc）曾這樣形容：「相信『那個』，堅信『那個』，你就不會失敗。『那個』是什麼都無所謂，反正你一定能得到『那個』。」他應該知道「那個」才對。因為他在五十二歲創立麥當勞時，就是一個每天活在苦惱中的廚具推銷員。

我已經擁有成功的一切要件！

拿到人生的金牌吧！

首先要聲明，我並不知道所有的答案。我是懷著謙虛的心面對這個和你一起努力的機會。

聖雄甘地曾說：「真理就在每個人心中。我們必須找出心中的那個真理，以自己的方式理解並遵從。」你的人生究竟需要什麼，說到底也只有你自己知道。

我的職責不是去填補你欠缺的地方，而是進一步引出你已經擁有的部分。

當你面臨人生的重大問題時，不能只靠外界給答案，一定要往內在，也就是內心尋求解答。如果不這麼做，這答案將無法真正屬於你，也無法付諸實行。

班傑明．富蘭克林曾在自傳中提到如何建立價值觀，以及如何在價值觀的基礎上創造非凡的成就與貢獻。有一次，他在筆記上寫下十二項價值觀，包括勤勉、簡樸、決心等等。他認為要將自己的人生導向成功，這些都是不可或缺的要素。

他拿這個列表給貴格會（譯註：Quaker，基督教新教的一個教派）的朋友看，對方卻指責道：「怎麼少了謙虛？」富蘭克林便從善如流，把謙虛也加進自己的列表。然而，當晚年的富蘭克林回顧自己的人生時，卻表示：「我不敢說自己有真正體會到謙虛這項美德。」

要實現夢想，就必須是你自己的夢想。一定要發自內心，而且一定要由你去實踐。我的職責簡單來說，就是當你的**教練**。優秀的運動選手一定有教練。如果選手想要有最佳表現，就不能缺少教練。

如果沒有優秀的教練指導，應該沒人敢妄想在奧運摘金吧。然而，有很多人明明沒有優秀的教練，卻奢望自己能過充實的人生。比賽獎牌和你的人生，到底是哪個比較重要？

你願意的話，我想當你的教練。因為那正是我的職責，也是我最擅長的領域。

接下來，你要一邊閱讀，一邊活用書中的**訓練**。經過這些訓練後，你一定能摘下人生的金牌，站上夢想的頂點。

我有一個夢想

一九六三年八月二十八日的美國華盛頓特區，馬丁路德．金恩博士站在林肯紀念堂的階梯上，說出名言**「我有一個夢想」**。這句話極為簡潔，卻震撼全世界。「我有一個夢想」——在至今仍廣為流傳的名言中，這一句最令人震撼。這句話觸動人們的心弦，讓人們展開行動。這句話改變法律，撼動政府，搗毀種族歧視的高牆，斬斷膚色偏見的枷鎖。

「我有一個夢想」——我要你現在對自己這麼說。你的夢想是什麼？告訴我。

請再說一遍。你真正的夢想，究竟是什麼？

我有一個夢想！

現在，試著描繪自己的夢想。那個夢想是什麼？當你描繪夢想時，是什麼樣的心情？當你美夢成真時，會想對自己說什麼？體內會有什麼感覺？我要你感同身受，有如身歷其境。你的感受越清晰，夢想就越容易實現。

第一次意識到「活在夢想中」的感覺，直到現在仍鮮明無比。我全身上下都感受到衝擊。在那之前，我始終以為所謂的夢想，就只能在未來的某一天實現，要想在這個當下體驗，是絕不可能的。然而，當察覺「夢想就在當下」的那一刻，我再次拿回對生活的主控權，並決定要採取一切必要行動，去實現自己渴望的人生。

活在夢想中不代表要變得自私，而是**以更高的層次做出貢獻**。在我的夢想中，有很大一部分都和幫助別人有直接關係，所以我才會選擇像現在這樣對著電腦打文章，而不是躺在最愛的威基基海灘上曬太陽。

你在我的夢想中占有一席之地。當一個人幫助別人獲得成功，對身邊的人付出真心關愛時，他就會得到人生中最大的喜悅。希望你能感受到活在夢想中的喜悅，因為你就是為此而生，為此活在這個世界上。

不久前，有幾十名企業家齊聚在我家的客廳裡。當他們敘述我的工作為他們的公司和人生帶來多大的影響時，我心中真是充滿感動。

有個企業家實行本書介紹的健康法，一個月就減掉十一公斤。有位女士透過你也能在本書中學到的決策過程，毅然決定放棄讓她得不到充實感的公司，開創讓她和孩子有更多時間相處的新事業。有位連鎖加油站的老闆利用本書介紹的溝通技巧，將銷售額提升至十億日圓，還和日本數一數二的天然氣公司一起經營合資企業。在研討會上，也有位女士告訴我，她藉由本書介紹的情感控制策略，第一次有了自信。

此外，最近我有機會指導接受心理治療長達十年，從沒停止服藥的男士。幾週後，他寫信跟我說書中的創造自我價值思維，正是「會帶來不同的不同」。他的人生觀因此徹底改變，也不用再依賴藥物了。

你看，我就活在自己的夢想中！

找到自己的夢想吧！

來，現在就開始活在夢想中。你的夢想是什麼？你人生中「**要什麼**」？請試著在這裡寫下那個夢想。盡量具體簡潔。你能清晰地描繪出達成夢想的自己嗎？

美國前總統約翰．甘迺迪曾說：「我決心在下一個十年內，讓美國達成讓人類登上月球，並順利生還的目標。」他的描述具體簡短，容易想像，效果顯著。這句話讓美國動了起來。多虧這句話，尼爾．阿姆斯壯才能登上月球。

我的夢想是……

為夢想找到動機

通往夢想的下一步，就是明確找出追夢的理由。有很多人空有目標，卻從沒想過追求目標的理由。這些人大概直到最後，都不會明白自己為何拿不出幹勁吧。

如果你有「**為什麼**」的答案，而且這理由十分重大，就一定會找出實現的方法。

假如你下個月業績沒有成長五％，就會被殺掉，你是不是就會想方設法達成業績？如果這關係到你全家人的性命呢？如果業績成長五％，就能得到一億日圓的獎金呢？

只要應該達成的理由夠重大，你的腦子就會吶喊：「好，來做吧！」並且開始行動。你要知道，實現夢想的動機是否充分很重要。一旦有了充分的理由，行動自然會跟著配合。令人高興的是，追求夢想的理由可以自由選擇。我們可以選擇讓自己熱血澎湃的理由。我們可以幻想美夢成真的快感，也可以想像安於現狀的痛苦。

在腦中產生「好，來做吧！」的念頭前，你要不斷提出理由。這就是能讓自己決心去實現夢想的秘訣。

我一定要實現夢想的理由是……

只要方法明確，就能成功

有一百五十名商業人士正聚集在酒店宴會廳，認真學習成功的原則和技巧。

我當場提問：「想要更多錢的人，請舉手。」有很多人舉手。

我接著問一位穿著褐色西裝的中年上班族：「你想把這些錢用在哪裡？」

這問題換個說法就是「你的夢想是什麼？」「你的『為什麼』是什麼？」「讓你終於克服惰性，開始行動的理由是什麼？」

他沉思片刻後回答：「有了錢，我就要環遊全世界，去各種地方看看。」

「那你想去哪裡呢？」

他又想了一下，說：「大概是阿拉斯加吧……」

「去阿拉斯加要多少錢？」

「大概十萬日圓吧。」

我不禁大笑起來。因為他參加研討會的費用，就超過了十萬。

有人即使現在就擁有足夠的資源，還是會找藉口說做不到，把夢想無謂地往後延。你是不是也是這種人呢？從今天開始追求夢想吧。現在就馬上採取行動。

我要你再次確認自己的夢想。那個夢想「為什麼」很重要？不惜一切也想達成的理由是什麼？

只要理由夠明確，接下來就要思考「**怎麼做**」才能實現。這個月要採取哪些具體行動，才能讓自己離目標更近一點？在這個階段，就算不清楚通向目標的全部路線也無妨，只要先確定從哪裡出發就夠了。

重要的是，要養成展開行動的習慣。懷抱夢想，確定理由，展開行動。趁現在馬上行動吧。朝著夢想邁進的行為，正是成功的本質。再強調一次，真正的充實感並非在抵達後才會產生，而是在抵達前的過程中就能得到。活在夢想中的真正意義，就是透過追求夢想，成為理想的自己。

在這個月，不，在這一週，你會採取哪些**具體的行動**，讓自己更接近夢想一步呢？請現在就立刻寫下來。

你必須開始運動嗎？你必須改變飲食習慣嗎？你必須去上學嗎？你必須找新工作嗎？你必須寫商業計畫書嗎？你必須聯絡可以代為申請專利的法律事務所嗎？你必須看某本書嗎？你必須打電話去旅行社嗎？你必須索取手冊嗎？你必須找教練嗎？你必須找人商量事情嗎？你必須雇用新的員工嗎？你必須跟上司進行討論嗎？

請寫下三到四個能讓你更接近夢想的具體行動。現在正是時候。

為了實現自己的夢想，我會……

你現在能馬上做什麼？如果要你今天內做一件重要的事，幫自己提振士氣，那件事會是什麼？

我今天會……

好啦，你還在等什麼？不要再等了。趁現在馬上行動！在你回來前，這本書會一直等你的！

你實際去做了嗎？如果還沒，我要你現在就闔上書，開始行動。我是說真的。

現在馬上行動！

怎樣？還順利嗎？朝著目標和夢想展開行動，應該讓你感到無比舒暢吧。我現在的心情也很暢快，因為寫這本書是我長久以來的夢想之一。為夢想行動，讓我得到自信、自尊心、幹勁和成就感。這些感覺不必等到把書寫完，現在就能得到。

我們來慶祝吧！你開始走在實現夢想的道路上。你已經回答「要什麼」「為什麼」和「怎麼做」這三個最重要的問題，並且實際採取行動。恭喜你！希望你能稱讚自己，獎勵自己，這樣就能給自己更

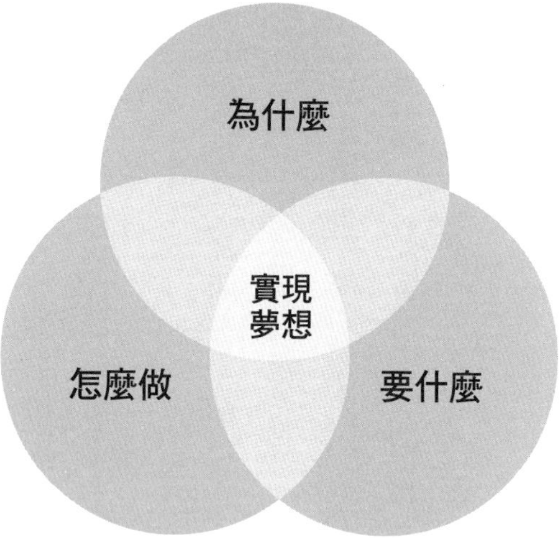

多繼續前進的動機。

我也計畫今晚要去吃最愛的泰國菜，好好慶祝一下。我朝著寫這本書的夢想展開行動。我要慶祝這一刻。在這本書出版的那天前，我應該會不斷重複這種達成和慶祝的過程。

我希望你能早點開始享受這個成功的過程，品嘗這種成就感，所以才這麼快就要你挑戰具體行動。只要展開一個行動，要採取下一個行動就會更容易。

接下來，我要開始解說成功的心理學，以及應用這門學問的技巧和策略。你要記得，只要了解「要什麼」「為什麼」和「怎麼做」，就能實現一切。現在，請你大聲說出「只要了解『要什麼』『為什麼』和『怎麼做』，就能實現一切」吧。

只要了解「要什麼」「為什麼」和「怎麼做」，就能實現一切！

人類共通的動機

人類的行動，並沒有大家想的那麼複雜。事實上，無論是希特勒、德蕾莎修女、賓拉登、小布希、達賴喇嘛、中國大陸政府、你，還有我，大家都是基於相同的理由和動機在行動。

「別胡說了，這怎麼可能？」

你一定是這麼想的吧。不過這是真的，每個人在行動時，動機都是相同的。

這裡會稍微涉及心理學的理論。佛洛伊德曾主張，人類心靈的第一要素是「**本我**」。本我會追求即時的快感，也會逃避痛苦。這種現象在心理學上，稱為「快樂和痛苦的原則」。也就是說，人類總是在追求「快樂」，逃避「痛苦」。

在我們的語言中，用來指稱痛苦和快樂的詞彙很多。比如孤獨、飢餓、不快、無聊、憂鬱等，都是痛苦的別名。至於喜悅、入迷、自信、成就感等，則是快樂的另一種說法。不過追根究柢，這些詞彙的本質都是相同的。

換句話說，人類的所有行為，都是由「快樂」和「痛苦」引發的。

快樂和痛苦，是我們所有行為的動機。

更正確來說，不論是出於有意，還是無意，人類都會做出自認能得到快樂，避開痛苦的行為。

小時候，我媽帶我和哥哥去聽演講，主講人以前是海洛因成癮者。他展示自己流浪街頭的照片，敘述這種生活有多髒亂，簡直就像活生生的地獄。那些吸毒者個個骨瘦如柴，如罐裝沙丁魚般癱臥床上，在四周便溺，終日昏昏沉沉，過著充滿痛苦的生活。為了讓我們充分了解那種狀況，主講人把我們叫到台上，要我們摸他的右手臂。由於施打毒品時都避開靜脈，導致手臂肌肉像屍體一樣僵硬。

在那之後，我和我哥自然都不敢碰毒品。因為和毒品有關的一切，都讓我們聯想到巨大的痛苦。也多虧那次經驗，我到現在連醫生開的藥都不太敢吃。

就連為精神障礙所苦的人，也是基於同樣的動機在行動。有多重人格的人，是覺得用統合的單一人格生活很痛苦，所以人格才會分裂*。

如果和正常人過一樣的生活，會聯想到巨大的痛苦，人就會失去理智。

有一次，我為朋友介紹來的憂鬱症女患者進行訓練。在問了她兩、三個問題後，真正的問題浮上檯面。原來她接受心理治療時，會比健康時更能得到父母的關愛。她真正追求的是被人所愛，卻誤以為生病是得到愛的唯一方式。

有人甚至基於同樣的動機，選擇了結自己的性命。

二〇〇一年九月十一日，美國世貿中心和國防部接連遭受恐怖攻擊。許多人想到這事件時，應該都覺得匪夷所思。「明明知道自己也會死，為何恐怖分子還能做出那麼殘忍的事？」其實，答案很簡單，就是「快樂和痛苦的原則」。對蓋達組織的成員來說，不攻擊美國會帶來巨大的痛苦，為聖戰犧牲則會得到死後的快樂。

高品質的聯想，是通往成功的捷徑

那麼，既然動機完全相同，人類之間又為何出現差異？為什麼世界上有希特勒這種人，也有德蕾莎修女那種人？為什麼有人的生活方式會成為警惕，有人的生活方式卻帶來啟發？為什麼有人活在成功和幸福中，有人卻活在靜默的絕望裡？為什麼有人能實現夢想，有人卻迷失在幻想中？

這些人生大哉問的答案，就在於**把什麼聯想成快樂**，**把什麼聯想成痛苦**。希特勒把支配別人聯想成快樂，德蕾莎修女則把對別人展現愛與同情，跟快樂連結在一起。希特勒把猶太人的存在聯想成巨大的痛苦，德蕾莎修女則把目睹別人受苦的模樣，想成巨大的痛苦。

生活的品質，**由聯想的品質決定**。所以如果想讓生活產生變化，就必須先改

＊雖然精神障礙的原因很多，包括家族遺傳，對腦部的直接妨害等，但到了行動階段，快樂和痛苦的原則依然會發揮作用。

變聯想。有新的聯想，才能得到新的人生。有更好的聯想，就能開始實現夢想。

在這裡必須考慮的是「什麼樣的聯想，會對自己的夢想有幫助？從長遠來看，要有什麼樣的聯想，才能得到最好的結果？」

腦部不管面對什麼，都會聯想到快樂和痛苦。

從長遠來看，把抽菸聯想成快感，能讓你過上真正期盼的優質生活嗎？或者你要選擇把抽菸視為巨大的痛苦，同時避免那些不良副作用？

希特勒的聯想，讓國家走上滅亡一途。德蕾莎修女的聯想，讓她得到全世界的感謝。「把什麼當成快樂」並不是問題，那只是你現在的聯想。真正的問題是在於「從長遠來看，要把什麼聯想成快樂，什麼聯想成痛苦，才能得到自己盼望的生活」。這正是人生必須面對的問題。

要把什麼聯想成快樂，什麼聯想成痛苦，才能成功呢？

快樂，是通往成功的道路

在研討會上，我最常拿來挑釁參加者的話，就是「你現在的想法有問題」。

沒人喜歡聽到這句話，所以聽眾裡會出現許多不悅或生氣的表情。接著我會說：「我的想法也有問題，而且是跟你們一樣的問題。」大家聽了就放心不少，畢竟沒人想輸人一等。再來，我會做這樣的解釋：

「這問題就是，如果我們用現在的想法，就只能得到現在得到的結果。如果想改善結果，就必須改變想法。」因為這事實太顯而易見，大家馬上就明白了。我們必須經常改善自己的想法（快樂和痛苦的聯想）才行。

改善快樂和痛苦的聯想，就能改善人生！

為什麼自己現在是這樣呢？

你現有的「快樂和痛苦的聯想」的真正問題點，是在於「幾乎不是刻意選擇的」。雖然聯想掌控你的生活，但你很可能不知道那些聯想來自何方。

在這裡，我就姑且把頭腦比作電腦，打個有趣的比方吧。這部電腦只有一個目的，就是找出快樂和痛苦的原因，以求**獲取快樂**，**避免痛苦**。

動物對快樂和痛苦的聯想（**本能**），是事先放進腦內的。但人類跟靠本能生活的動物不同，腦內沒有內建**名為聯想的軟體**。也就是說，嬰兒完全不知道哪些會給予快感，那些會帶來痛苦，所以才什麼事都做得出來。

請試著想像在床上爬行的寶寶。寶寶從床上掉下去的可能性大嗎？當然大。理由很簡單，因為嬰兒不會把掉下床和疼痛聯想在一起。所以，寶寶從床上掉了下來。砰！寶寶馬上就感覺到痛。這時**腦部的作業系統**啟動。當我們感到強烈的痛苦或快樂時，腦部的程式會立刻開始尋找原因。

腦部的程式會鎖定痛苦和快樂的原因。

要怎麼找出原因，可說是人類生來唯一具備的程式。當腦部要分析快樂和痛苦的原因時，會依循幾個**規則**。

只要活用這些規則，人類就能快速學習，但這些規則也可能造成**錯誤的聯想**。錯誤的聯想一旦形成，有時會透過潛意識折磨我們一輩子。

腦部運用的第一個規則，是**「時機」**。

如果我揍你的下巴，你應該會覺得痛。你會認為這疼痛的起因，是上個月或去年發生的某件事嗎？當然不會。你的腦部都在疼痛出現前剛發生的事裡找原因。

第二個規則是**「地點」**。

你會把德州的牛群失控，當成下巴痛的原因嗎？當然不會。腦部找的都是你附近的事務。上個月在德州發生的牛群失控事件，也可能被牽扯成是起因。你我不知道真相為何，但至少你和我的腦內都沒有如此怪異解釋的機制。

這時寶寶往四周張望，看到了運動鞋。

「喔喔——！」他腦中瞬間產生「運動鞋＝疼痛」的新聯想。就這麼簡單，沒別的了。其實，會這麼簡單是有原因的。就算用這麼快的速度學習，人類還是得花上很多年才能獨立生活。

之後，你把寶寶帶到朋友家，讓寶寶在朋友家的沙發上爬行。他有可能再掉下去嗎？當然有。這是為什麼呢？因為寶寶還沒把掉落和疼痛聯想在一起。所以人生才會有趣，因為人類會產生錯誤的聯想。

這時寶寶又掉了下來，立刻感到一陣疼痛。他的腦部再次開始找原因。這次映入眼簾的是皮鞋，於是寶寶陷入**混亂**。

「我還以為疼痛的原因是運動鞋呢……」

混亂是好事，因為混亂是改善聯想的開端，混亂意味著變化。

這時腦內啟動下一個功能，名為「**類化**」。腦部會透過類化，從伴隨快樂或痛苦的經驗中，找出相同的原因。換句話說，腦部會在兩個帶來快樂或痛苦的經驗中，尋找共通的要素。

寶寶的腦子想：「喔喔！原來如此。原因一定就是鞋子沒錯。」於是寶寶瞬間得到了恐鞋症。你或許會覺得可笑，但人類的構造就是這麼單純。

第二天，你帶寶寶外出購物。在經過鞋子的賣場時，寶寶莫名其妙大哭起來，但你完全不明白他為何要哭。買完後，你回到家裡，把寶寶放在餐桌上。這時寶寶會發生什麼事呢？就是重蹈覆轍。你應該會想：「這孩子該不會很笨吧？」其實他一點也不笨。寶寶只是還沒把從高處落下和疼痛聯想在一起而已。

運氣好的話，寶寶會掉第三次。如果沒有，「鞋子＝疼痛」的錯誤聯想，將會伴隨他度過一生。

砰！寶寶掉下來了。他又瞬間感到疼痛，腦部也開始運作。「好痛，好痛，原因到底是什麼？」

這時寶寶到處都找不到鞋子，於是再度陷入混亂，開始類化。

「如果不是鞋子造成疼痛，那共同的原因是什麼？是因為掉下來嗎？」寶寶的恐鞋症瞬間痊癒，但這次換成了懼高症。

我有一次自己製造聯想的經驗。由於太震撼，直到現在仍記憶深刻。

當時我才五歲，住在位於紐約長島的家裡。當時父親對無線電十分熱中，在他的無線電室裡有個很大的工具箱，我從裡面拿出一支有紅色握把，看起來很有趣的工具。後來我才知道那是剝線鉗（用來幫電線剝掉絕緣皮的剪刀狀工具）。

我心想「這好像很好玩」，就用刀刃部分夾住左手食指，然後用力握住握把。我也記不得發生了什麼事，只是立刻把有趣的工具和劇痛聯想在一起。之後這聯想就一直影響我的生活，長達近三十年。

幾年前，我有幸和史蒂芬．柯維博士一起造訪東南亞各國。在印尼的首都雅加達，他曾對一大群財經界人士進行演講：「我們對於童年接收的程式，完全不需要負責。但長大成人後，我們就必須在修正程式上負起完全的責任。」

有趣的是，人類不管面對什麼，都能聯想到快樂或痛苦。例如，在東京的歌舞伎町有很多ＳＭ俱樂部。他們不但會把客人用繩子綁起來鞭打，還每次收費數萬日圓！那裡的客人就是把肉體的疼痛和快樂完全連結在一起。

如果你想過夢想的人生，就必須管控自己的聯想體系。一切能幫助圓夢和成功的活動，都必須跟快樂建立連結。相反地，那些會讓你偏離終極目標的活動，都必須跟痛苦產生連結。

成功的人，會自己選擇讓夢想容易實現的聯想。

現在馬上開始有意識地揀選自己的聯想吧。要把什麼聯想成快樂，什麼連結到痛苦，這些決斷最終都會左右你的命運。

我希望你先暫時放下書本，檢視自己目前的聯想。你把什麼聯想成快樂，什麼聯想成痛苦呢？看到工作、運動、抽菸、運用系統手帳、金錢、財富、獨立創業、出國旅行、閱讀，你現在會聯想到什麼？你覺得快樂，還是痛苦？這聯想能支持你的成功嗎？你能創造更好的聯想，讓自己更接近夢想嗎？

例如，假設你現在把「工作」和「巨大的痛苦」聯想在一起，這想法應該無法幫助你達到經濟自主。另外，如果你把「吃垃圾食品和加工食品」跟「快樂」連結，想減重應該會難上加難。

你會把什麼想成快樂，什麼想成痛苦？你想讓聯想變得如何？

項目	目前等級	理想等級
（例）工作	痛苦8	快樂10
1		
2		
3		
4		
5		

超越自我妨礙

讀到這裡，你可能已經開始混亂了。快想起來吧。混亂是好的，是要學習新事物的徵兆。你的腦內應該在說：「我當然認為失敗是痛苦，成功是快樂。」可是，真的是如此嗎？

從以前到現在，我遇過無數討厭自己工作的商界人士。每一次，我都提議：「你要不要辭掉現在的工作，去做更喜歡的工作？要不要從現在開始追求自己的夢想？」

但他們總是回答：「我不能辭啦。一旦辭職，就不能過穩定的生活了！」（對很多人來說，失去穩定是最大的痛苦）「如果不能馬上找到其他工作，又該怎麼辦？你知道我太太會怎麼唸我嗎？」

換句話說，和不滿現狀的痛苦相比，為實現夢想採取必要的行動，反而讓他們聯想到更大的痛苦。找到下個工作，擁有自己的公司，每天掌控自己的工作，或許能讓他們聯想到快樂，但不安的痛苦仍遠超過那些快樂。

雖然每天活在痛苦中，腦內卻並未到達「這樣下去不行，我必須現在就改變這種狀況！」的**極限**。在達到極限前，我們是不會展開任何行動的。

處於這種狀態的人，會因為太關注風險，而忘記可以獲得的利益。他們在乎的不是想達成的結果，而是達成前需要的工作量有多大，過程有多繁瑣。問題全出在**「焦點」**上。現在正是改變焦點，展開行動的時候。不要再自欺欺人了！

六年前，我的健康問題到了極限。人生第一次體重超過九十公斤，每天都帶著倦怠的心情生活。直到有一天，我終於忍不住猛然起身，大喊道：「不能再這樣下去了！我不想再體驗這麼不健康的狀態了！」

我開始大量閱讀營養學和運動生理學的相關書籍。而且更重要的是，我展開了行動。我開始更健康的飲食，把運動當成和刷牙一樣習以為常。結果，我只花六個月就減掉十六公斤，並感覺到前所未有的精力充沛。

到達忍無可能的極限，是好事一樁！把一件事同時連結到快樂和痛苦的人，會因為「**複合聯想**」的狀態所苦。這種狀態就是「**自我妨礙**」的源頭。

「複合聯想」是一切自我妨礙的源頭！

例如，幾乎所有人都有「想要更多錢」的念頭，但我們又同時接收到「有錢人不能信任」「金錢是萬惡的根源」「有錢也買不到幸福」之類的訊息。也就是說，我們對金錢都抱有「複合聯想」或「複合情緒」。

所以，雖然很多人為了擺脫貧窮而採取行動，但等到真正財富自由的階段時，他們又不想採取必要的行動。理由很簡單，是因為把自己的經濟狀況提升到下個層級，會讓他們聯想到痛苦。

在某一場研討會上，有個學員當大家的面說出面臨的困境。他是一家成長快速、股票即將上市的建設公司負責人。然而，在決定要股票上市後，他的人生卻開始走下坡，不論是私生活、婚姻、工作，都接二連三發生問題。

那些痛苦有多深，從他的表情和肢體語言就能一目了然。

原來他抱著許多「複合聯想」。他渴望透過股票上市，在經濟上獲得自由，但想到上市後就無法再直接掌管公司，痛苦的聯想就出現了。

接著，他對生活中遇到的每件事都會「自我妨礙」。

解決方法就是消除「複合聯想」。我建議：「你不如就讓公司上市，然後辭掉負責人，交給專業經理人。這樣你不但能自由開創下一個事業，得到經濟自由，也能保有直接掌管一家企業，看著它逐步成長的充實感。」

這麼做對他的公司也有加分作用，畢竟這家公司已達到他所能管理的極限了。

大家都看得出，他聽完後表情明顯輕鬆不少。

還記得嗎？我們的腦很單純，一心只想逃避痛苦，尋求快樂。所以，**一貫性**是必要的。只要腦部把幫助夢想實現的事全聯想成快樂，把妨礙夢想的事全連結到痛苦，就能自動通往成功，因為腦部一定會找到實現夢想的方法。

要維持一貫性。你的夢想，是你得到幸福的關鍵。

要打廣告，就在腦中吧

不用想得太難。廣告界的人都知道，只要十五到三十秒，就能創造新的聯想。在廣告中播放賞心悅目的畫面，悅耳動聽的音樂，再趁觀眾感到快樂的那一刻，展示想販售的商品。只要重複這流程三到四次，就能得到想要的反應（這種過程叫「**錨定效應**」）。以後每次看到商品時，你都會心情變好，購買意願也會升高。

因此，刻意控制每天在腦中進行的廣告流程就變得很重要。比如，你開始想像自己拚命工作後，會得到經濟自由、成功、同事的尊敬，以及自尊心。如果是一直逃避工作的人又會怎樣？被公司解雇，被債主討債，沒錢給孩子念書，讓家人過苦日子。想到這裡，你一定會覺得勤奮工作是件好事。

控制自己的聯想，就能掌控自己的人生。如果不控制自己的聯想，就會有其他人試圖掌控。

控制自己的聯想，掌控自己的人生！

「複合聯想」有時也能派上用場。

我的公司最近和某個組織簽約，合辦一場為期三個月，以七百名企業企業家為對象的研討會。為了讓計畫順利，對方特地派一名年輕女性專職負責這個計畫。

你應該能想像得到，和我一起工作的人大多過著極為健康的生活，因此我的團隊中有很多人吃素。但這名年輕女士一直無法理解不吃肉也能生活的道理，態度也始終保持一致，不斷強調：「肉很好吃。我最愛吃肉。我絕不會放棄吃肉。」

原來人類在長期秉持的信念和習慣遭到質疑時，竟然會那麼大聲地駁斥新觀念，讓我十分驚訝。我喜歡有一貫性的人，但問題是她在以長遠來看，無法幫她得到成功和幸福的信念與習慣上，竟然也維持一貫性。

有一天，我們一起吃午餐時，她又用同樣強硬的語氣表示：「我最愛吃肉。我絕不會放棄吃肉。」但這一次我決定打斷她的模式，以減輕我們將來會嘗到的痛苦（她的痛苦是健康出問題，我的痛苦則是必須一直聽她講重複的話）。

「妳那麼喜歡肉的味道啊。妳知道那是尿酸的味道嗎？也就是說，那是動物尿液的味道。牛排很柔軟，對吧？那是因為它正在腐爛。是結腸的細菌破壞了肉，肉質才會變軟，所以剛屠宰完的牛肉是不能賣的。妳知道牛被殺之前會哭嗎？那是因為牠知道自己要被殺了。至於農藥，妳知道牛肉裡殘留的農藥，比蔬菜還高出好幾倍嗎？妳應該知道，給牛增肥用的生長激素和抗生素會累積在肉中，隨著肉一起被吃下肚吧。另外，大量攝取動物性蛋白質，和心臟病、癌症及其他各種成人病其實息息相關。請問妳對這一點做何感想？」

或許是產生了新的聯想吧。幾天後，她寫信給我：「我很驚訝，自己竟然會減少吃肉，選擇更健康的食物。」大概沒人會料到，她會選擇這條路吧。

如果只是消遣，是無法成功的

腦部的結構基本上就是逃避痛苦，追求快樂，所以每個人都有一套能盡快擺脫痛苦的方法。我把這些方法稱為「**逃離痛苦的捷徑**」。你選擇什麼作為「逃離痛苦的捷徑」，會對你的人生造成重大影響。

例如，你感覺到「無聊」「寂寞」「憂鬱」等情緒，這些都是痛苦的別名。此時你會怎麼做呢？絕大部分的人都會開始從事「**消遣活動**」，以作為「逃離痛苦的捷徑」。吃東西、看電視、抽根菸，和朋友聊些無關緊要的事。但問題是，只做消遣是無法實現夢想的。

只做消遣，你的夢想是不會實現的！

想讓夢想實現，需要**專注力**。只要能經常保持專注，不論做什麼事都能順利完成。大部分的人之所以無法實現夢想，是因為把專注力浪費在毫無意義的消遣上。他們可說是把無關緊要的事，當成了自己的專業領域。很多人在和自己的夢想完全無關的活動上浪費了大量時間。

比起執行重要計畫，他們寧願用整理書桌、看廣告傳單、在辦公室閒晃、上網等活動來消遣。像他們這樣的人，看起來就像在逃避一切對圓夢有益的行動。

小時候，我聽過一個故事。有個女人總是呆坐在玄關，一邊看孩子玩耍，一邊發牢騷說：「人生好無聊。」

有一天，她的朋友提議：「妳要不要培養個興趣？」

女人回答：「什麼興趣？我的生活中沒有任何令我感興趣的東西。因為我每天就只能像這樣坐在玄關，盯著孩子的一舉一動。」

「原來如此。那玄關是用什麼蓋的呢？」

「好像是紅磚吧。」

「是哪種紅磚呢？」於是，她對紅磚開始產生興趣。她去圖書館讀遍關於紅磚的論文，對紅磚這種建材進行徹底調查。後來她寫了關於紅磚的論文，並在朋友的幫忙下出版。

某天，那位朋友又到她家拜訪。這次朋友改問：「玄關周圍還有什麼其他東西？」

「有螞蟻……」光這句話就夠了。女人開始對螞蟻感興趣。她為這種有趣又充滿魅力的生物深深著迷，只要拿到關於螞蟻的文獻，就會一本接一本看個不停。後來她成為螞蟻的專家，還寫了讓螞蟻的研究者都奉為圭臬的參考書籍。

每個人都需要「逃離痛苦的捷徑」。對，沒人例外。如果要說這方面有什麼秘訣，就是成功者都有更優質的「逃離痛苦的捷徑」。

成功者不會只用消遣作為「逃離痛苦的捷徑」，他們會建構對自我的成功有貢獻的「逃離痛苦的捷徑」。為了消除一時的痛苦，他們選擇投入從長遠來看對成功有益的活動。如果想脫離惡夢，最好的方法是透過某種形式，開始去實現自己的夢。

別再只會消遣，要讓生活變得更有趣！

我常用的「逃離痛苦的捷徑」，就是從事對健康有益，能拓展人際關係，對社會有貢獻，或是有創造性的活動。

如果沮喪，我就榨杯新鮮果汁，去慢跑，去運動中心。如果寂寞，我就打電話給母親，陪姪子玩耍，計畫刺激的約會，招待客戶去東京灣體驗附晚餐的周遊觀光船。這樣不但對工作有益，也能留下美好回憶。

感到無聊時，我會讀好書，擬定新的研討會計畫，作曲，改稿，欣賞玫瑰，擬定下次的度假計畫。感到憂鬱時，我會和街友一起午餐，拜訪老人之家，或參加其他有意義的志工活動。

這些活動基本上都幾乎不花錢，可以隨時隨地去做，還能提高生活品質，沒有破壞性，對自己和別人都有益處，稱得上是真正的「逃離痛苦的捷徑」。而且這些活動也能長期為你排除痛苦，帶來快樂。

選擇高品質的「逃離痛苦的捷徑」！

現在，我要你馬上把高品質的「逃離痛苦的捷徑」——能馬上擺脫無聊、孤獨等負面情感的方法——列成一張清單。就算是「喝杯水」「洗個熱水澡」之類的簡單小事也行，試著盡量多寫一點。選項越多，就越可能得到自己想要的結果。來，開始寫吧。

對我來說，高品質的「逃離痛苦的捷徑」是……

成功是有秘訣的！

人生中所謂的「**成功**」，就是找出能長期讓自己和別人獲得巨大快樂，避開諸多痛苦的方法。當我們忍受短期痛苦，一心追求真正盼望的長期成果時，最終就會得到那些方法。

多年前，哈佛大學曾以「孩子為何能獲得比父母更多的財富」為題進行調查。在驗證過眾多要素後，他們發現一個就統計數字來看，可說是高度相關的原因，那就是「在訂定決策時，會把多長的時間列入考量」。

換句話說，如果能從**長遠的角度**來衡量，選擇暫時放下眼前的滿足，以追求將來的回報，這種人在經濟上通常會比較寬裕。

人生中有很多機會，能讓人甘願犧牲長期的成功，以換取立即的滿足，例如企業欺騙顧客，提供劣質的服務，或是國家為了發展經濟，引發環境問題。至於個人方面，有人會藉由飲酒、抽菸或吸毒，追求立即的滿足。而在現今的消費文化中，也有人會為了滿足即時的物欲，不惜欠下大筆債務。這些人為了短暫的快樂，寧願摧毀自己長遠的幸福。當大部分的人把錢花在無法帶來長期滿足的奢侈品上，你選擇拿自己的錢去投資。當大部分的人把時間浪費在消遣活動上，你選擇善用時間學習技能。當別人都在玩樂時，你選擇服務客戶。這是為什麼呢？是因為你有夢想，而且必須實現。

所謂的成功，就是犧牲現在想要的，去追求真正渴望的！

「成功9步驟」是終極的「帶來不同的不同」

你現在就能開始追逐夢想。

通往成功有九個步驟，每個步驟都很有趣，而且越實行越簡單。不但有效，也能和現實生活緊密結合。除了我本身的經歷外，還有五十萬人的經驗佐證。不論是私生活還是職場都能發揮效果，能幫你擺脫痛苦，通往快樂。

「**成功9步驟**」是成功者的共通要素，也是在各領域中掌握業績的原則。只要實踐，它就屬於你。我提過自己的工作全集中在研究和運用「**帶來不同的不同**」上。

成功企業和其他企業之間，有什麼「帶來不同的不同」？獲勝球隊和其他球隊有何不同？健康和不健康的人，投資股票獲利和沒獲利的人，家庭關係融洽和不融洽的人，兩者之間到底有何不同？

如果把焦點放在這些「帶來不同的不同」上，就能讓自己和客戶都獲得驚人的成果。在檢驗這些「帶來不同的不同」後，一個架構隨之浮現。那就是「**成功9步驟**」，由「**能力**」「**過程**」和「**槓桿效應**」三個要素所組成。

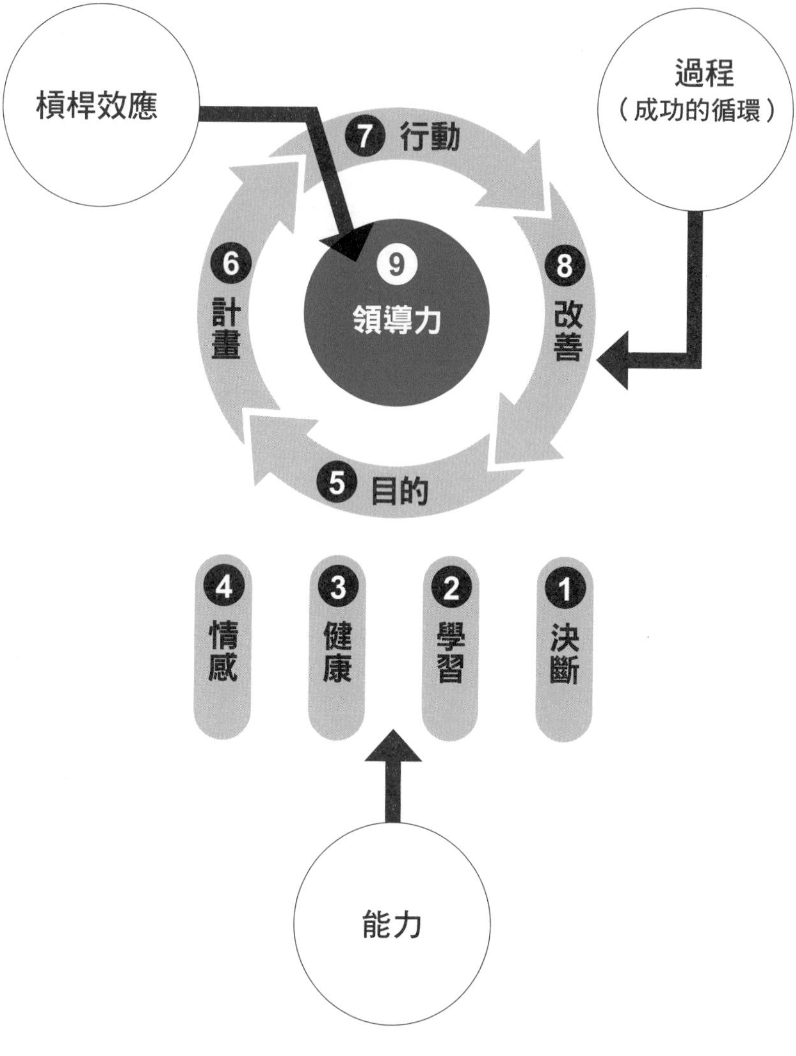

「成功9步驟」形成一個完整的架構。這就是「通往成功之路」。

能力

最初的四步驟，是帶來「**個人能力**（personal power）」的**基礎**。這和你的地位、立場、財力無關，純粹是成就事物的能力。所謂的個人能力，是當你面臨困難時，也能持續採取強力行動，也可以說是所有成功者最大的共通點。

能充分發揮個人能力的人，和一般人有何不同？差別就在於前者擁有決斷、學習、健康和控制情感等四項基礎。這正是「成功9步驟」的起點。

1 決斷　**2 學習**　**3 健康**　**4 情感**

個人能力的「四個基礎」

「個人能力」是即使置身困境也能採取行動，是所有成功者最大的共通點。

過程

等有了龐大的力量後，就必須把力量導向具體的目標。「成功9步驟」再來的四步驟，是構成「成功的循環」，賦予我們計畫和行動的過程。在過程中，你將一邊確定自己的目的，學會時間管理的技巧，果斷地採取行動，改善自己的方法，一邊朝著夢想前進。

「成功的循環」會連結計畫和行動，創造出上升的螺旋。

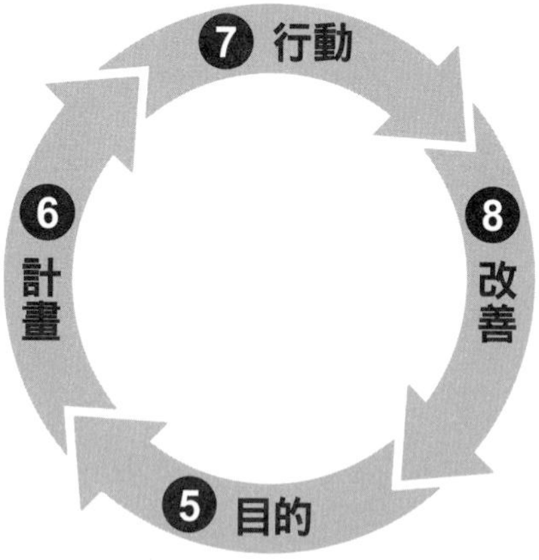

「成功的循環」會給予達成目標的過程。

槓桿效應

最後的步驟是「**領導力**」。讓別人參與自己的夢想，利用槓桿效應，以達到更大的成就。這樣一來，你付出的勞力就能倍增，並完成單靠個人之力無法達成，足以流傳後世的偉大事業或計畫。

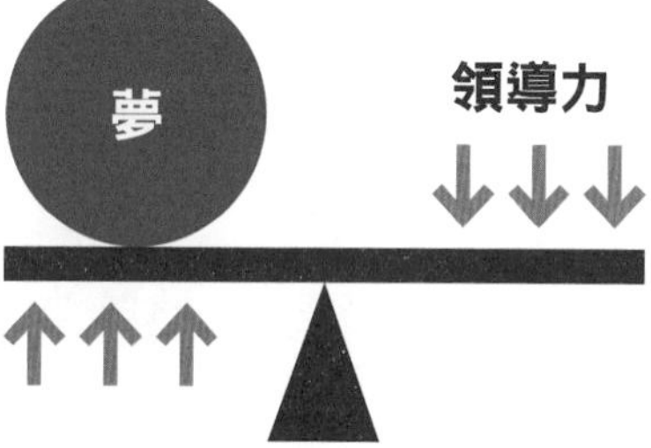

「領導力」會產生槓桿效應。

所謂的「領導力」，是讓別人參與自己的夢想。

摘要

「成功9步驟」已為各時代的成功者「帶來不同的不同」，主要結構如下：

個人能力的四個基礎

步驟1：下定決心（決斷）

步驟2：學習成功者的模式（學習）

步驟3：得到無限的健康（健康）

步驟4：控制自己的情感（情感）

成功的循環

步驟5：確定想要的結果（目的）

步驟6：管理時間（計畫）

步驟7：果斷地採取行動（行動）

步驟8：改善方法（改善）

領導力的槓桿效應

步驟9：讓別人參與自己的夢想（領導力）

獲得成功的人，都會利用上述的「能力」「過程」和「槓桿效果」。不論你身處何處，都希望你能試著研究那些成功人士。相信你一定會發現相同的模式，因為「成功9步驟」就是研究這些人的成果！

起身行動吧！提高自己的標準吧！對人生做出更多要求吧！開始活在夢想中吧！希望你能勇於創造理想的人生。這不但是為了你自己，也是為了你所愛的人。接下來，我要介紹「通往成功」的每個步驟，讓你學到如何獲得成功的快樂，避開失敗的痛苦。歡迎來到「成功9步驟」！

在這一章學到的事

請寫下這一章學到的重點，以及如何把這些內容運用在自己的生活中。

第二部

四個基礎

The Foundation of Personal Power

STEP 1

運用決心的力量（決斷）

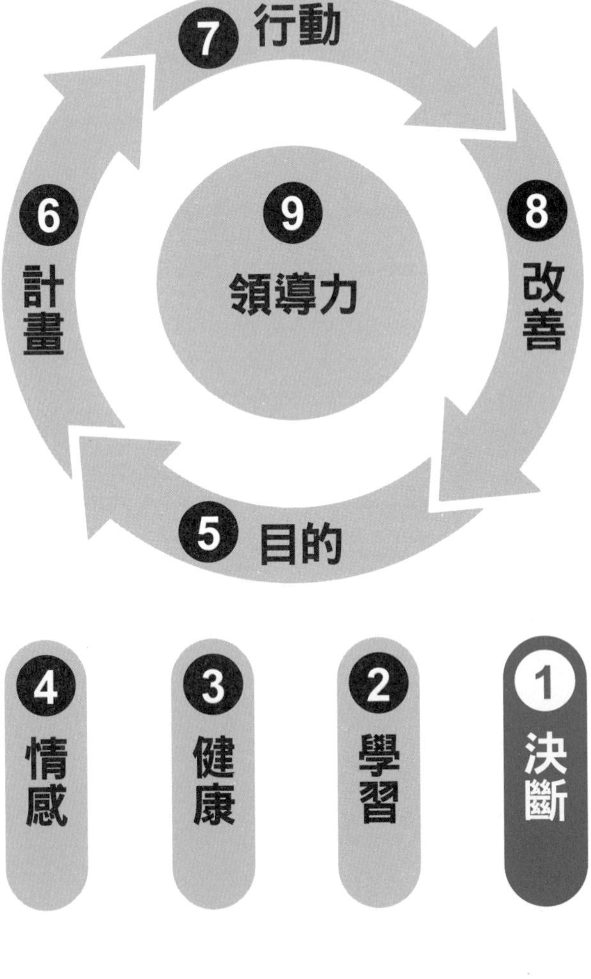

強納森感到困惑。「要讓其他鳥兒明白他們是自由的，只要稍加練習就能飛翔，為什麼會這麼困難呢？」

《天地一沙鷗》李察・巴哈

決斷是一切變化的源頭。那是你成為現在這樣的理由，也是社會繁榮和衰敗的原因。就結果來看，決斷是一切成功和失敗的關鍵。決斷不僅是領導力的基礎，更棒的是，一切決斷都掌握在你手中。

決斷和願望完全不同。兩者的不同之處，就是成功與失敗，行動與麻木，領導與服從之間的差異。從下決斷的那一刻起，世界的一切都為之改變。

讓我們試著想想，有哪些只憑一個決斷，就造成莫大影響的例子吧。

「當美國的開國先賢做出決斷，拒絕接受祖國的稅制時，往後兩百年的世界歷史有了翻天覆地的變化。」

「當羅莎・帕克斯（Rosa Parks）做出決斷，拒絕把公車座位讓給白人時，民權運動就如火如荼地展開，將數百萬黑人從種族歧視中解放出來。」

「當希特勒做出決斷，發誓要迫害猶太人時，就注定會有六百萬名無辜民眾慘遭屠殺，名為以色列的國家將在巴勒斯坦崛起。」

「當比爾蓋茲做出決斷，打算從大學輟學、創立公司時，微軟就誕生了。」

「當戈巴契夫做出決斷，實施開放政策時，蘇聯就解體了。」

人類的歷史，就是決斷的歷史。

我要你回顧自己的人生。是什麼樣的決斷，造就了現在的你？

我在十四歲時下定決心，發誓「總有一天要住在日本」。因為這個決斷，我之後二十五年的人生就此定調。不管是就讀哪間大學，專攻哪個領域，從事什麼工作，遇到什麼人，一切都決定好了。所以，千萬別小看決斷的力量。

決斷會發揮難以估計的威力，足以改變人生方向，引發連鎖效應，最終決定那個人的命運。

在過去的人生中，你曾做過什麼決斷，造成什麼影響？請試著回想看看，並將結果填入下方的表格。

	決斷	造成的影響
1		
2		
3		

美國詩人羅伯特・佛洛斯特（Robert Frost）透過他最著名的詩告訴我們，只要做出一個決斷，就能產生足以改變人生的力量。詩中是這麼描述的：

森林裡分成兩條路。
我選擇人跡罕至的那一條。
是這條路，讓現在的我成為可能。

你打算走哪條路？是穿過混亂之森，抵達絕望之村的平凡人生？還是選擇人跡罕至的路——攀爬希望之山，前往成功的勇氣和信念之路——去追求自己夢想的一切呢？

你的決斷，會讓這一切成為可能。

走上通往成功的道路吧！

做出能實現夢想的決斷！

決斷一詞的語源，是「決定並斬斷」。有趣的是，英語的由來也一樣。英語的「Decision（決斷）」，就是來自於拉丁語的「Incision（切掉）」。

換句話說，成功的決斷，就是斬斷失敗的選項。決定把時間投資在最重要的事物上，就等於決定不把時間浪費在無謂的事物上。

在一首名為〈決心〉的詩中，作者就巧妙地詮釋了這一點。

如果你對目標充滿渴望，
不惜走出家門，奮勇作戰，
不惜埋頭工作，日夜辛勞，
不惜犧牲時間，捨棄安眠，
如果這股渴望驅使著你，

讓你能不悔不倦地去追求，
讓你對其他事物不屑一顧，
如果你認為失去這目標，人生就白走一遭，
如果你所思所想，所企所盼，都與之有關，
如果你為此欣然揮汗，百般憂慮，籌謀劃策，
如果你為此甘願拋棄對神和對人的一切恐懼，
如果你願意賭上自身的能力、體力和智力，
信仰、希望和自信，專心一志去追求那目標，
如果寒冷、貧困、飢餓、疲勞、疾病，
肉體的疼痛，頭腦的疲憊，都無法讓你離棄那目標，
如果你勤勉堅定，勇於進攻，窮追不捨，
你終將得到那目標！

決斷是達成目標的偉大關鍵。

你的人生有無限可能

根據量子力學的理論，我們活在**有無限可能性的「場域」**中。我們活著的每一刻，都只是其中某個可能性的呈現。若以最深的層次去解釋，我們的思想（能量和資訊的發送）本身，決定了我們將實現、經歷哪些可能性。

當你被無力感侵襲時，只要做決斷就好。在那一刻，你永遠都能塑造自己的將來。

我們活在有無限可能性的場域中。

你現在就可以馬上做決斷！你可以下定決心創業，學習新技能。你可以決定減重、戒菸，找回健康。你可以決定多留時間給家人或投入新的興趣。你可以決定移居夏威夷或義大利，也可以決定現在就開始追求夢想。你就身處無限可能性的場域中，要怎麼選擇都隨你的意！

決斷是人類擁有的最大力量——選擇自由——的表現。這份自由意志，可以說正是我們人類的本質。人類和其他動物不同，幾乎沒什麼天生的本能，光要學會活下去的基本技能就得花上二十幾年。不過在過程中，人類也培養出極為特殊的能力，那就是靠自己選擇的能力！

你能選擇夢想，選擇行動，選擇不放棄，選擇實現夢想。這些選擇都在你的掌握裡。

充滿無力感時，只要做決斷就好！

面對自己能力不及的大問題時，我們容易陷入受害者心態。然而，此時最重要的是下決斷，這樣才能發揮自己獨特的才華和能力解決問題。

一九八五年，非洲發生饑荒的嚴重程度慘絕人寰。後來有將近四十位藝人齊聚錄音室錄製萊諾．李奇和麥可．傑克森為幫助災民的慈善活動所寫的單曲〈四海一家〉（We Are The World）。他們努力的成果，不但為災民籌得數百萬美元的救助金，也感動了全世界，促使大家奉獻更多力量。

我們或許得不到這麼顯著的成果，但原則是相同的——**想點子，下決斷，開始行動**。在努力過後，成果必定隨之而來。

決斷的品質，取決於自身的狀態

得到夢想的人生，是充分掌握自身「狀態」（抱著什麼情感）的結果。能否達成目標，取決於自身的狀態。日常生活的大小事會給你什麼影響，就屬於狀態的問題。同樣地，領導力也是狀態的問題。簡單來說，人生的一切都是自身「狀態」的結果。

假設你今天被公司裁員，會怎麼解釋這件事？它對你的人生造成什麼影響？接下來你要採取什麼行動？答案都視你當時的狀態而定。

如果你內心軟弱，惶惶不安，可能會萬念俱灰，拋下一切，消極過活。最糟的是，你可能會選擇輕生。等一下！請先聽聽還有什麼選項。

如果你精力充沛，自信滿滿，面對失業應該會把它當成機會，進而尋找讓你更充實的工作或開創新事業。另外，你也可能不想再靠無趣的工作維生，決心追求完全的經濟獨立和自由！

發生的事相同，結果卻截然不同。幾乎所有人的人生，都會受環境牽連。因為大家以為自己的情感或狀態，是周圍發生的事造成的。發生壞事，心情就變差；

發生好事，心情就變好。

有這種想法的人，總是坐等好事發生，如果沒遇到好事，就認為自己是**受害者**。他們的人生總是起起落落，**情感就像一直坐著雲霄飛車**，認定成功都得靠運氣，並感嘆自己是何等不幸。

不過，**真正的成功者**不會把人生交給偶然決定。成功者就算在泥濘中摔倒，也會抓著玫瑰起身。有主見的人為了達成目的，無論遇到何種狀況都會善加利用。這種人即使被剝光衣物，丟進沒有食物的叢林裡，大概也會在兩個月後成為當地的首領，讓人們為他工作！

究竟哪裡不同？是「狀態」不同。成功者總是保持做出有效決斷的狀態。

只要掌握狀態，就能掌控人生！

在我的「CEO**養成班**」中，最近舉辦了一場非常有意思的演習。我要求所有參加者到我東京的家集合，然後沒收他們的錢包、現金、鑰匙、名片、手機等象徵社會地位的物品。

接著下達演習指令，要他們前往遠在五百公里外的大阪，找到住宿，吃頓像樣的飯。不但要從零開始建構生活，還要對社會做出貢獻。這些企業家有生以來第一次成為流浪漢！

這麼做的目的，是要他們想起一切都取決於狀態管理。幾小時後，其中有幾人抵達大阪，入住五星級飯店，說服櫃台人員借到三萬日圓，還不忘叫客房服務，和開車送他們的人開派對！

只要你保持勢不可當的狀態，就沒有做不到的事。

只要你保持勢不可當的狀態，就沒有做不到的事。

刺激和反應的奇妙關係

伊凡．巴夫洛夫（Ivan Pavlov）是俄國動物學家，曾針對消化過程中的內分泌進行調查。他研究的其中一環，就是用狗、手搖鈴和肉，做了一場有趣的實驗。

他先暫停餵狗一段時間，等確認狗餓了後，就搖鈴，拿肉給狗看。狗看到肉，開始流口水。之後重複搖鈴，給狗看肉，讓狗流口水的過程。搖鈴，給狗看肉，狗流口水。鈴、肉、口水。鈴、肉、口水。鈴、肉、口水。

重複多次後，巴夫洛夫做了有趣的嘗試。他搖鈴，但不給狗看肉，結果狗還是和之前一樣流口水。也就是說，他為狗的反應加上條件。只要搖鈴，狗就會流口水。

看到這裡，你應該會想：「這種情況，和我周圍的人非常類似！」

這是重點。當時的心理學家看到這個實驗結果，就提出用來解釋人類行為的「**刺激與反應模式**」。

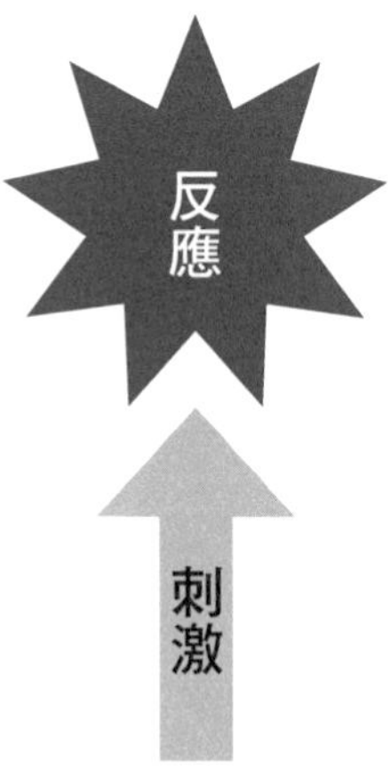

根據這模式的說法，人類受到刺激時，基本上都是依照之前的附加條件做出反應，所以當有人搖鈴時，只要鈴聲讓我們聯想到食物，我們也一樣會流口水。如果這個理論是正確的，我們每次遇上相同刺激時，應該都會產生相同的反應才對。但實際情況又如何呢？其實根本不一定。

你買禮物回來送妻子，妻子可能會今天親你一個，明天卻用「你是想控制我吧」「你做了虧心事嗎」之類的話罵你。

刺激相同，反應卻不同。就算今天客戶對你的推銷術反應不錯，到了下週也可能行不通。青春期的兒子就算今天肯聽你的話，明天也可能把門甩上，完全不理不睬。

「刺激與反應模式」的問題點，就在於忽略了「狀態」。飢餓的狗或許會流口水，但吃飽的狗就可能不會理會鈴聲，或甚至朝搖鈴的人咬一口。

結果的循環：十年的研究成果！

為了讓你更深入了解，我要介紹更強的模式，名為「**結果的循環**」。當你想正確理解通往成功之路時，會有很大的幫助。這模式同時提供工具，讓你能馬上改變自身「狀態」。

「結果的循環」是我花了十年研究「刺激與反應模式」得出的理論。在反覆研究的過程中，我發現「刺激與反應模式」有個很大的問題，那就是刺激和日常大小事，都不是發生在真空環境。那些都是發生在你身上的事。更重要的是，那是發生在目前這個「狀態」的你身上。

隨著當時的狀態不同，你對這些事賦予的意義和解釋也不同，解釋一旦不同，你會出現的反應和行為也會隨之不同。此外，這些決斷不但會決定結果，最

結果的循環

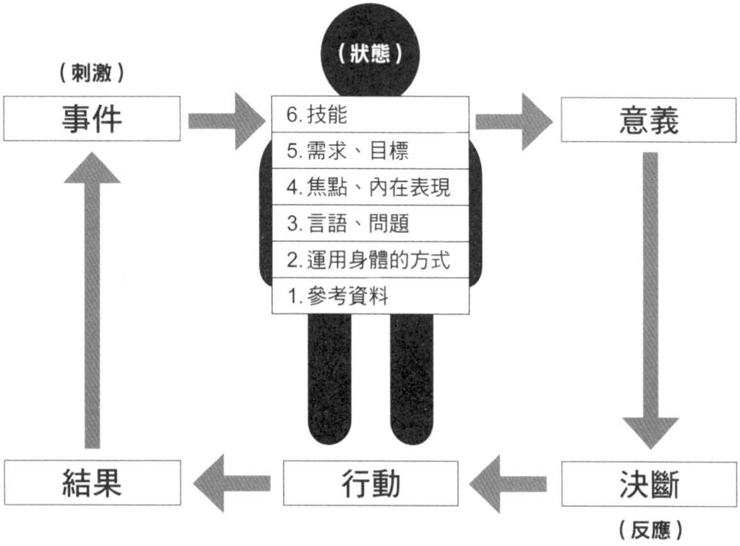

後也會決定下一個經歷。就是所謂的「結果的循環」。影響這個循環的最大因素就是你的「狀態」。這理論不管放在個人、組織、公司，還是體育隊伍上，都非常適用。

電影《十全大補男》（The Replacements）中，飾演教練的金．哈克曼問隊員：「你們害怕什麼？」這時飾演四分衛的基努．李維回答：「**流沙**。」後來他解釋所謂的「流沙」，是指原本微小的失誤逐漸擴大的狀態。這會導致球隊的狀態每況愈下，到最後甚至無法上場比賽。

每個人都曾在運動、人際關係或商務上經歷過「流沙」吧。如果我們當時「狀態」不佳，就可能因為這樣做出錯誤反應，使自己和身邊的人「狀態」更惡化。如果不打斷這種模式，改變自己的「狀態」，結果會如何？應該就是人際關係崩壞，輸掉比賽或終止合約。

幫助你了解構成自身「狀態」的每個要素，是本書的一大目的。

形成自身狀態的六大要素

1. **參考資料（過去的經驗和知識）**
2. **運用身體的方式**
3. **慣用的言語和常問的問題**
4. **焦點和內在表現**
5. **目前關注的需求和目標**
6. **本身擁有的技能**

上述的每個要素都會對情感和狀態造成很大的影響，改變我們對事情的解釋。後面章節會再逐一詳細說明。現在，我們先思考如何保持活力充沛的狀態，讓自己展開有力的行動，做出有效的決斷和決策。

關鍵就是在每件事裡找出「**給自己力量的解釋**」。

我二十歲參加志工活動時，曾有幸接受一位優秀領導者威廉的指導，他在美國經營大型農場，事業非常成功。有一年，在準備收割前一天，颱風來襲，農作物全毀。從這件事裡，可以找出什麼「給自己力量的解釋」嗎？

當時威廉站在田裡，對自己說：「我赤裸地誕生，也將赤裸地離開這世界。神會給予，也會拿去。我栽培作物的任務到此結束，接下來應該轉移焦點，讓給別人栽培作物了。」威廉賣掉農場，償還欠款，然後開了新公司，從中南美洲進口食品原料。這間公司不到五年就大獲成功，讓他從此不必工作，選擇退休和妻子一起環遊世界，專心投入志工活動。

如果你公司的員工都有這種主動積極的想法，不知道會怎樣？**決定命運的因素，並非發生在我們身上的事，而是我們針對那些事所做的詮釋和選擇**。

現在，請讓自己進入最佳狀態。你要充滿自信，抬頭挺胸，露出笑容。你要知道每件事會發生都有其目的，最偉大的成功都孕育自最艱困的土壤中。你要聚焦在「想要什麼」「為什麼想做」「該怎麼做」，並全心投入。就這麼簡單。

不管發生什麼事，都要找出「給自己力量的解釋」！

以前，我在某家正在進行艱難合併的公司擔任負責人。有一天，股東們來找我。經過討論後，他們的結論是我必須退位，公司才能成長。這代表我會丟掉這份工作。發生這種情況時，陷入無法行動的狀態是何其容易。不過，再怎麼沮喪也於事無補。我要繼續追求夢想，難題不過是一個讓我做出新決斷的機會。

為了實現在原公司無法完成的夢想，我決定成立新公司。後來我開發了新商品，一天就賺到以前每個月工作二十天才能達到的金額。此外，我也提出「成功9步驟」的概念，並動筆寫下本書。

我把離開前公司視為契機，採取更大膽的行動，做出決斷，實現自己的夢想。

問題不過是讓你做出新決斷的機會。

請針對以下每件事，試著想出「給自己力量的解釋」。

情況	給自己力量的解釋
遭到公司解雇。	終於可以開自己的公司。
發生震災。	
發生意外，導致半身不遂。	
被戀人拋棄。	
陷入嚴重的經濟不景氣。	
青春期的孩子不肯聽話。	
家中的某個成員去世。	
被上司責罵。	
身患重病。	
上了年紀。	
你現在面臨的挑戰。	

在這些狀況中，你都可以選擇「給自己力量的解釋」。這是讓你的人生更提升的好機會。過理想人生並不是只發生好事，而是你對每件事都有好的反應。

實現夢想，必須善用發生的每件事，讓自己不斷成長。每件事會發生都是有理由的，為了讓自己在最艱難的時刻也能做出有效的決斷，管理自身的「狀態」就變得至關重要。

成功，並不是只有好事發生，而是不管發生什麼事，你都能選擇最好的反應！

透過狀態管理，得到幸福人生

狀態管理並不難。只要將我說明「結果的循環」時，提到的任何一個要素稍加改變，就會讓自身狀態產生顯著變化。

當人生遇到瓶頸時，你可以用**新的言語**，用和以前**不同的問題**問自己。你可以**改變運用身體的方式**，嘗試不同以往的方法。你可以出外走走，累積不同經驗，當成**新的參考資料**。你可以設定**新目標**，學習**新技能**，或者乾脆切換**自己的焦點**看看。你要從每個狀況中找出正面意義，而不是只看負面部分。

你可以瞬間改變自己的人生！

不成功的人，為何遲遲做不出決斷？

幾年前，有人針對「會晉升的經理人」和「未晉升的經理人」進行研究，試圖找出兩者差異。研究結果顯示，前者會主動做決斷，後者則遲遲不肯做決斷，也害怕採取具體的行動。

後來，該團隊又繼續研究這兩種人的決斷內容有何差異。但令人驚訝的是，兩邊決斷的內容和品質一模一樣。換句話說，只要處於相同狀態，獲得相同資訊，做出正確選擇的機率完全相等。

絕大部分的人都知道自己必須做什麼，問題是能否真正做出決斷，付諸實行。如果不下決斷，就什麼事都不會發生，繼續維持現狀。不敢下決斷的人，注定失敗。因為不肯做，就無法嘗到敗北或勝利的滋味，最終落得一事無成。

幾年前，我把這個觀念告訴某位新進員工，向他建議：「做決斷吧。找到想做的事，然後行動！」

經過考慮後，他心中浮現一個念頭，想跟人事部的某位女士約會。他邀對方假日一起去迪士尼，對方欣然同意。約會時，他又做了決斷，向女士開口：「請跟我結婚。」對方爽快回應：「我願意。」在他們的婚禮上致詞，是我人生中最感動的經驗之一。

就算是錯誤的決斷，也勝過始終不下決斷。你目前一拖再拖，遲遲不肯下的決斷是什麼？要下什麼決斷，才能離夢想更近？現在，下決斷的時候到了！方法不夠好，可以之後再改善。做了決斷，就能得到學習的機會。如果你有自信，相信自己是為成功而生，那你現在會採取什麼行動？

可以是簡單的決斷，比如學外文。或許你想邀某人約會，開創新事業，回學校讀書，搬新家，斷絕沒有建設性的人際關係。總之就是做出決斷，付諸實行。

做出決斷，付諸實行！

如果要實現自己的夢想，得到更好的結果，把人生提升到更高的層次，你會趁現在馬上做什麼決斷？

我現在要做的決斷是……

做出決斷，鎖定焦點

決斷本身是有力量的。做決斷後會進入更強大的「狀態」。**做決斷後，過去沒看到的機會和解決方案會一一浮現**。因為你把焦點和注意力都集中在如何實現決斷的方向。所謂的**焦點**，是人類擁有的力量中最強大，也最少被善用的能力。

雷射光的光線，連鋼鐵都能切斷。這是因為光線含有的能量集中在一個點。做出決斷後，你的力量會像雷射光一樣，集中在最重要的事物上。這樣你就能突破一切的干擾。**可能性思考**讓一切變得可能，沒人能阻止你，障礙也不存在。

可能性思考，讓一切變得可能！

決斷之所以有如此強大的力量，其中一個原因是決斷會改變腦部結構！這不是誇大其詞，也不是哲學概念。腦內有個名為Reticular Activating System（RAS，

「網狀活化系統」）的強大機制。這個機制就像過濾器，功能是通知腦部有哪些重要的資訊值得注意。

當你做出決斷，把注意力放在某件事物上，RAS機制就會啟動，開始自動收集有用的相關資訊、知識及差異。汽車業務員走在路上時，眼中看到的全是汽車。如果換單身漢走在同一條路上，就只會注意適婚年齡的女性。

曾有個決斷為我的人生帶來戲劇性變化，直到現在都記憶深刻。一九九二年，當時我在社會經濟生產本部擔任經營顧問，同時也在家裡開一間小型廣告製作公司。

有一次，我在顧問任內受邀參加一場海上研習，地點在開往新加坡的郵輪上。當我走進船艙時，室友川西茂先生向我打招呼。我們立刻一見如故，意氣相投。結束一週的海上生活後，我們決定「一起創業吧！」

唯一的問題是，兩人都不知該從什麼事業著手。務實的人一定會吐槽：「明明沒有好點子和商品，怎麼會想創業？太愚蠢了。」像這樣的人，人生注定會陷入靜默的絕望中難以自拔。

但我們很確定，只要知道自己在追求什麼，網狀活化系統就會實現。當我們下定決心一起創業後，各種商機立刻浮現。那些商機本來就存在，只是我們沒發現，因為網狀活化系統根本沒注意。如果沒有做生意的打算，商機也無用武之地。

在尋尋覓覓四個月後，我突然發現非常中意的商品，就火速致電川西先生，大喊：「就是這個！」後來那項商品讓我們成了億萬富翁。

「分析造成的麻木」是浪費時間

決斷是終極的時間管理工具。光是不做決斷，就會浪費大把時間。在顧問界裡，這種狀態稱為「分析造成的麻木」，也就是不斷煩惱「該怎麼做？這麼做真的對嗎？」因而遲遲無法決定的狀態。

如果對自己提出這種質問，就會產生懷疑，也無法採取有效行動。什麼都不做，等於學不到任何經驗。這樣質問的前提是以為「決斷是否正確是可以事先預知的」。

就算決斷的結果不如預期，也一定會找到其他方法——只要你這麼想，就能馬上擺脫這種不安了。

要避免「分析造成的麻木」！

決斷有強大的力量，能為內心帶來平靜。一旦投入某個行動計畫，就能消除優柔寡斷的心態、忐忑不安的情緒，以及壓力。不論最後得到什麼結果，你都能感到寧靜和安詳。

有一次，我就因為煩惱做不出決斷，白白浪費好幾月的時間。我和一位在出差時認識的出色女性交往。幾個月後，我才終於確定她是我的真命天女。於是，有天我向她求婚。沒想到她卻回答：「如果你早一個月講就好了。我現在已經有其他喜歡的人……」

我太慢下決斷，因而付出慘痛的代價。不過令我驚訝的是，當時我心中其實一片平靜。我做出決斷，採取行動，得知結果，最後揮別過去，繼續前進。雖然不是當初想要的結果，至少分手後我們還是好朋友。

有道是「與其學習，不如習慣」。只要做過一次艱難的決斷，下次就能更輕易下定決心。希望你現在就開始鍛鍊自己的決斷肌肉，別再浪費時間了！

做出決斷，讓內心得到平靜吧！

試著模仿最厲害的決策者吧！

我當顧問時的一大焦點是協助企業企業家大幅提升業績。之前的職業生涯中，我近身觀察過很多優秀領導者，對這些人**做決策和決斷的過程**有了更明確的認識。

這個過程單純又實用，它不是來自象牙塔的理論，而是現實生活產生的智慧。只要應用這簡單的方程式，你的決斷品質必能立刻上升，把事業帶往新層次。

優秀決策的七個步驟
目標

7 別拖延，及早行動！

6 聽取他人意見改善計畫，並思考替代方案。

5 評估風險。

4 檢視優缺點，選出最佳方案。

3 思考方法。

2 確定想要的結果。

1 掌握事實。

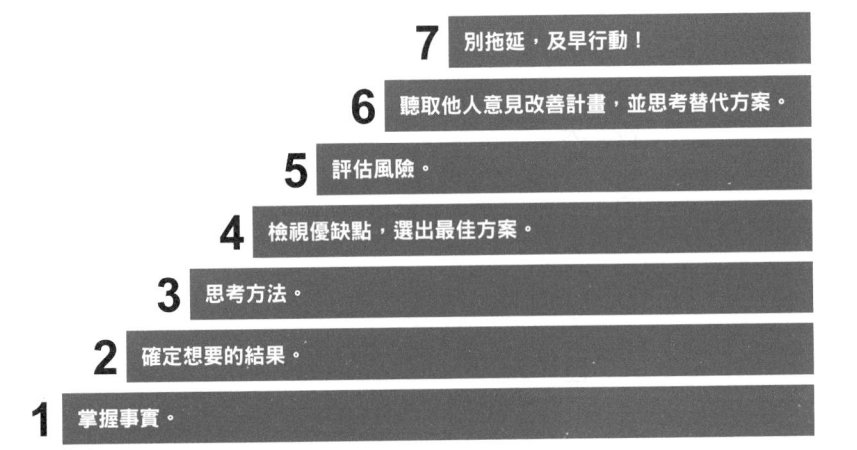

1. 掌握事實

提高決斷品質的第一步，就是掌握事實，比如實際情形如何，手上有哪些資料，能實際觀察到的部分為何，到目前為止的結果為何。把焦點放在事實上，而非他人的意見和解釋。實際知道的事更重要。

著名的科學家奧本海默曾說：

「當我們的選項受限時，如果沒有重要的事實和條件為選項提供方向，將無法做出正確判斷。」

我們常會在掌握實情後，才發現真相和自己當初想像的天差地遠。

關鍵是要相信自己的判斷力。優秀領導者會想親眼確認事實，親自做出判斷。也就是相信自己分析數據的能力。有時別人的意見會蒙蔽事實，我們更需要倚靠數據和客觀事實。

有一次我問職員，把部分業務外發需要多少費用，他只說：「很貴。」這答案毫無意義，因為這是**意見**，不是**事實**。於是我又追問：「到底要多少？」等收到實際報價後，我拿來和內部成本比較。雖然業者開價或許真的「很貴」，但在社內做的成本還是遠超過外發，所以我二話不說就決定外發了。

2. 確定想要的結果

「這個決斷的目的是什麼？」「必須產生什麼結果？」

許多人都不考慮這些就貿然做決斷，當結果不如預期又開始大驚小怪。

你是希望讓客戶滿意，還是只要營業額提高就好？

我在工作中始終追求的成果之一，就是樂趣。因為我要建立的不僅是公司，還有自己的人生。這個單純的區別，卻影響我所有的決策，結果就是我們每天都過得超有趣。

某個地方有兩位農夫比鄰而居。其中一位飼養許多牛，把照顧牛的事交給兩個兒子打理。隔壁的農夫總是隔著矮牆，一臉不滿地看著兩個年輕人做事。

有一天，鄰居終於看不下去，把兩個年輕人的父親叫來說：「你兩個兒子做錯了。你也是務農老手應該看得出來，現在就去好好罵一頓吧！」

但這位農夫回答：「你根本不懂，我要培育的不是牛，而是我的兩個兒子啊。」

3. 思考方法

想提高營業額可以做什麼？比如增加營業員，開發新產品，推出新廣告，調整價格，祭出優惠活動，請顧客幫忙介紹，尋找新的合作夥伴，提出商品保證，提高品牌知名度，改善品質，提供售後服務……等等，方法百百種。

優秀的企業家都知道要達到目標有許多方法，提出增加廣告預算也不過是其中一種方法而已。

幾年前，我曾協助美國某間大企業進軍日本。做了市調後，我們發現有間公司在日本市場的占有率是壓倒性地高。可想而知，我們當時的討論重點集中在如何和那家名氣跟市占率極大的公司競爭並爭取客戶。此時需要靈活應戰。

我們選擇和那家公司合作，我們的商品因此有了通路，結果提前五年完成了我們的商業計畫！

4. 檢視優缺點，選出最佳方案

每項提議都必須經過仔細審視。每個方案各有什麼**優點**，什麼**缺點**，選哪個方案最有可能得到期望的結果，都得一一考量。

有一天，我打電話給某個朋友：「你想要一億美金嗎？」我最喜歡像這樣帶給別人刺激。至於答案，應該不難想像，他毫不猶豫：「當然想要。」

我接著問：「那麼，你現在有投入可能帶來一億美金的任何計畫嗎？」他聽了默默無語，大概從沒想過吧。

「我從沒做過能帶來一億美金的任何事。」

「既然如此，你怎會覺得自己可以得到一億美金？」

他聽到質問後，開始檢視各種可能的商機。經過思考後，他最終選擇在瑞士成立新的金融公司，最近成為財經新聞的焦點。

希望你能選擇為自己帶來期望成果的方法，你值得擁有它。

5. 評估風險

有些選項的風險過大。我要你找出方案，不用全力以赴，只要牛刀小試，就能得到想要的結果。雖然我要你大膽果斷地採取行動，但同時也要正確評估風險，不要冒無法承擔的險。

我初次創業時發生過一件趣事。當時我打電話跟母親說：「媽，我開了一家公司。」由於家父曾經商失敗，所以家母對創業的看法很負面（請想想快樂和痛苦的原則）。當時馬上回我：「你可千萬別冒太大的風險。」

我環顧自己貧乏的公寓，財產不過是便宜的沙發床、中古電視、馬達壞掉的洗衣機、友人送的二手小冰箱，以及十四歲時買的單車而已。於是我回答：「媽，不用擔心。我沒什麼好損失的。」

6. 聽取他人意見改善計畫，並思考替代方案

最有才能的決策者，會拿自己的決斷去諮詢值得信賴的顧問。他們會警惕自己別太自負，了解有人指出自己的盲點是多麼重要。他們也知道，很多時候別人提出的意見會更好。有句語說：「謙虛為一切美德之母。」真是至理名言。

有一次，別人推薦我買一檔股票。這檔股票只開放給少數通過篩選的投資家，購買條件也很好。當時我在投資方面經驗尚淺，又對自己的判斷力太有自信，連投顧的意見都沒問就貿然投入五萬美元，結果血本無歸。

領導者不僅要有自信，敢做大膽的決斷，也要明白不可能一切都照計畫進行。所以，我們必須準備**替代方案**，事先想好遇到阻礙時如何應付。「當事情沒照

計畫進行時，我該怎麼辦？」希望你能好好思考這個問題。

7. 別拖延，及早行動

做出決斷後，就要行動。優秀領導者一旦下決斷，就不會為它感到苦惱或有壓力，已經決定的事就讓它定案。我們考慮過風險，參考別人的反饋，最後根據事實，選出最有可能得到理想結果的方案。除此之外，我們也無法再多做什麼，所以還是放下煩惱，馬上行動吧！

請放下煩惱，付諸行動！

最好的決策，就是誠實

有個決斷，比其他決斷更重要。**人生中最重要的決斷，就是決定要成為什麼樣的人。真正的成功，來自活得誠實**。如果行動和價值觀不一致，內心會糾結。當行動和價值觀一致時，心靈才得以平靜。

把時間分給真正重要的事，就能成功。活出自己的價值觀，就能抱著「這是正確的生活方式」的信念度過每一天。忠於自己的價值觀，就能得到自己期望的人生。

因為你對靈魂的本質，對採取的每個行動的重要性，都有深刻的認識。一旦把石頭丟進池子，漣漪就會不斷往外擴散，同理也能套用在人生的一切行動上。許多人只重視外表和形象，忽略自己身為人的心靈成長。希望你現在就下定決心，立志培養美善的心，做個有內涵的人。

有個視障男子經朋友介紹和一位超模見面。等他們相約碰面，聊了一段時間後，男子忽然問對方：「妳覺得我有喜歡妳的理由嗎？」過了一會兒，超模開始哽咽回答：「沒有……」這個女子只顧著雕琢外貌，卻對內在沒自信，充滿恐懼。她害怕被人看清自己，終日活在憂慮中。

你的標準是什麼？你要成為什麼樣的人？你想透過自己的生活方式呈現什麼價值觀？你認為哪些事物最有價值？

我最重視的價值觀是……

為了體現這個價值觀，我今天會做的是……

鍛鍊決斷力的肌肉

要練出肌肉的唯一方法，就是使用肌肉。同理，要培養決策力，就要練習決策，所以你要盡快開始做決策。試著為改善客戶服務做決斷，試著為加深人際關係做決斷。為了讓自己更接近夢想，你會做出什麼決斷？

我再說一次，就算看不到通往最終目標的所有路線也無妨，先從目前的位置邁步前行就好。

我現在能馬上做出的決斷是……

現在馬上準備行動！決斷要配合行動才有意義。如果要在接下來的四十八小時內實現自己的決斷，你會採取什麼行動？

我現在會馬上採取的行動是……

每件事都是越練習越簡單。每做一次決斷，決策力就會提高，做下一個決斷也會更容易。雖然人生不可能萬事掌握，不過你還是能掌握自己的每個決斷。而那些決斷最終都會決定你的命運。

鍛鍊決斷的肌肉吧！

在這一章學到的事

我在這一章學到的重點是什麼？

我做出什麼決斷？

我現在要馬上採取什麼行動？

STEP 2

學習成功者的模式（學習）

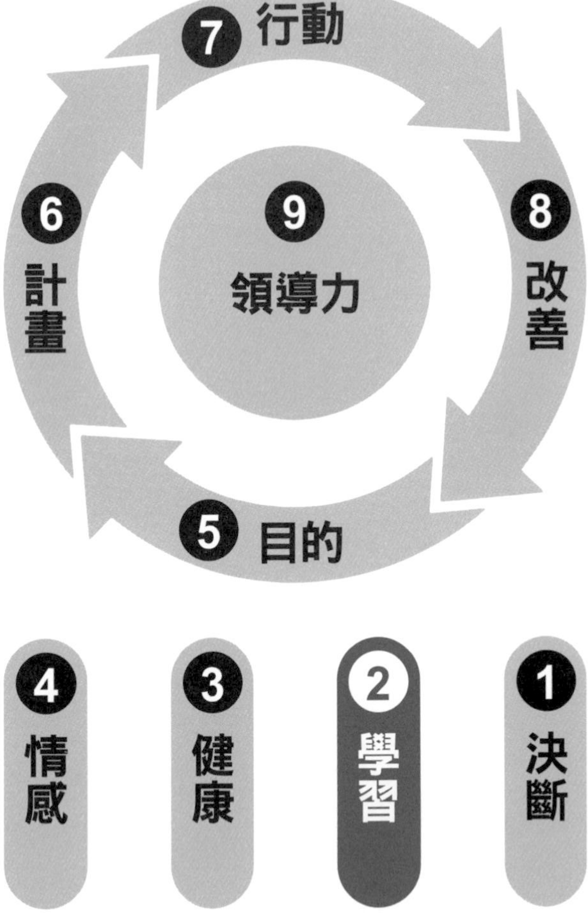

成功是有模式的。了解這個模式，就能得到真正的力量。我們才剛開始開發自己真正的能力。我們的腦學習速度很快，遠超過我們的想像。想加速學習過程的話，現在正是時候。

成功者的共通點，就是發現**成功的模式**，並加以運用。雖然看似理所當然，但是想把人生帶往更高的層次，這正是必要的「會帶來不同的不同」。

我正在指導的企業家採用這個概念而有了震撼經驗。聽到「成功有模式」後，他開始檢視哪些模式運作順暢，哪些模式運作不良。後來他引薦這些模式給其他部門，敦促他們關注運作順暢的模式，並從中學習。將成功的模式進一步延伸和應用後，公司第二年的營收竟增加到六十億日圓！

這就是第二個步驟所隱藏的力量。

大多數人在二十二歲後停止學習，這是悲劇。學校制度和義務教育的過程，讓學生把用功和學習聯想成莫大的痛苦。更糟的是，以「**效果不彰的學校制度**」為範本的「**效率不彰的社會教育制度**」，還進一步強化這個消極的聯想。

教育被視為「工作」，學習被想成麻煩的「流程」，研討會被認為「妨礙了更重要的工作」。但問題是，這樣的聯想會把我們導向失敗，而非成功。

佛洛伊德曾感嘆：「在孩童閃耀的知性，以及成人衰頹的思考能力之間，竟有著如此可悲的落差！」這是因為成人放棄了學習。

領導者是會學習的人，道理就這麼簡單明瞭。領導者會去理解、去發現、去深入觀察周遭的一切。有專家指出，人類的知識每四年就會增加一倍。這代表什麼？就是我們每四年就得再從零開始接受教育。我們必須學習新技能、新方法、新技術。

在二十二歲前上學接受教育，之後靠這些知識活到退休的想法已經過時了。這是人人皆知的道理。換句話說，現在即將退休的人所受的教育，和現在的世界幾乎完全脫節。講白一點，**終生學習是必要的**。

我看到有人為無效學習法苦惱就感到心痛，至今仍有很多學校沿用古老的教育方式。現在已有許多針對大腦的有效學習、增強記憶力的研究發表，我們可以活用這些寶庫，加快學習速度，這樣我們的壽命也相對延長了。

試想一下，如果原本要花一整天學習的知識能在十分鐘內學會，就等於空出了二十三小時五十分鐘。我們可以自由運用這些時間與學習的知識和技能，創造永恆的回憶，累積愛與奉獻的遺產。也就是說，我們將變得更長壽！

我研究世界上堪稱為成功的成功，反覆確認過成功者都有學習的習慣。然而更重要的是，那些成功者都知道有效的學習法。大眾普遍認為學習速度再怎麼快也有限度，但那些成功者卻能從這種**社會催眠術和條件反射**中解放。

結果著實令人震驚。我用本章的方法完全熟練掌握日文，原本一天只能背十個詞彙，後來竟然能十分鐘背一百個。根據專家表示，人類一天平均能記住一千個以上的單字。我母親用這個方法，只花了五天就學會作曲。我的好友用這個方法，只花了四小時就學會滑雪板的中級技巧。也有人才半天就會畫畫。相信你也一定辦得到。

學習能提高決斷的品質！

學習能提高決斷的品質。學會成功的模式後，什麼夢想都能實現。

加快學習的速度吧！

接下來我要介紹「**加速學習法**」。這個方法建立在目前仍持續對人類大腦進行的相關研究，同時參考成功者如何獲得成功的研究。這些研究成果顯而易見，以往的學習法無法有效開發人類的潛能，不過現在已有更好的方法。

要加速學習，首先必須擺脫自身與社會的限制，解放自我。大部分的人都僅用到腦容量的四％，但我們的潛能應該遠不止於此。

幾年前，我在公司活動上看過催眠秀。催眠師挑出幾位自願者上台，引導他們進入深度的恍惚狀態，再下達幾個指令，這些觀眾就照做。最後一段實際演練令我終生難忘。

催眠師對一位女士下指令，要她「像瑪丹娜一樣跳舞」，對方立刻照辦。她彷彿變了個人，當眾在台上忘情熱舞，舞姿性感，節奏感十足，真的和瑪丹娜如出一轍。第二天，我藉著工作之便追問，她卻說自己活到現在，其實從沒跳過舞！

於是我察覺到，原來我們至今看過、聽過、經歷過的一切全記在腦中，我們只需要讀取那些記憶，就能把這台世界上最強大的電腦，活用在人生的每一刻。

相信自己能做到，就能做到！

自己的腦，是最強大的電腦

人類的大腦只占體重的二%，卻會消耗二十%吸入的氧氣。腦內有一百五十億個神經細胞，能在不同資訊間創造出十五兆個以上的連結和**聯想**。大腦每分鐘要處理上百萬個化學反應，獲取資訊，進行傳遞、儲存，或是從記憶中提取資訊加以活用。

製藥公司生產的每種藥，人腦都能自行合成，而且分量適中，沒有副作用。**右腦和左腦**是以名為胼胝體的三億條神經纖維連結，能同時處理**情感和理論**。人類的大腦是奇蹟的電腦，是自然界賦予生物額外能力的唯一特例。人類的潛力無限，只是我們未能發揮，現在開始活用自己的能力，相信自己可以辦到。

因為你擁有自然界最強大的電腦，那就是人腦。

你的腦，是自然界中最偉大的奇蹟！

腦是偉大的圖書館

首先你必須了解大腦如何累積資訊。請想像一座藏書豐富的圖書館，一個主題就有好幾千本。圖書館本身是巨大的建築，分成幾個樓層。假設你進圖書館想找一本書，無奈書實在太多，這時你該怎麼辦？當然是去查找索引卡，馬上就能找到那本書的位置，接著你就能借到書，並學到新的知識和觀念。如果沒有索引系統，你將一無所獲。

人腦機制也大同小異，它是記錄自己所有學習和經驗的巨大圖書館，至今為止看過的圖像，說過的對話，聽過的課程，感受過的情感和情緒，全都記錄在腦裡。但問題就在於這些海量的情報都未經整理，也沒附索引，所以你找不到。

情感爆發，成就天才

腦中的訊息基本上都以情感分類。這點很重要，會永遠改變你往後的學習法。絕大部分的學校都把情感逐出教室，導致學生剛學就忘。

情感是腦的歸檔系統。

你可以做個小實驗。試著別看行事曆，直接將上週做過的事寫下來，你還記得多少？回想時花了多少力氣？忘掉的部分又有多少？大部分的人連上週發生的事也想不起來。

接著，請試著回想初吻或初夜，這次輕易就能想起來吧。理由很簡單，因為這些記憶伴隨強烈的情感。對內容越有情感就越容易回想，所以關鍵是對每個資訊都懷有強烈的情感。

想要高效學習，情感是必要的。

首次參加我辦的「成功9步驟研討會」的人幾乎都會大吃一驚，因為有舞蹈有音樂，也有學員互相擁抱的場面，氣氛歡樂得不像研討會。過程中，學員時而感動，時而自省，時而懊悔。不過，這一切情緒都能加快學習，讓學員在短短數天內就能在生活和工作上交出新成果。

要學，就要教！

讓你輕鬆放入更多情感的方法之一，就是改變自己參與學習的方式。我介紹兩種方法，既能提高記憶力，又能讓學習速度革命性提升。

第一種方法是「**為學而教**」。

在加速學習的研究中，已證實幾乎所有人都會在四十八小時內忘掉八十％學習內容，僅僅兩天就忘記八成。經進一步研究得知，如果在同樣的四十八小時內把自己學到的教給別人，就能記住八十％以上。只差這一步，記憶力就提高四倍。光憑這一個「會帶來不同的不同」，就足以讓本書漲價數百倍了。

在教人時學習，就這麼簡單。

能教，就能學！

對「教」感到排斥的人，也可以用「互相分享」「請人當聽眾」等方式。像我總是會打電話對朋友說：「我看了一本非常有趣的書。為了確認自己有理解重點，可以請你當我的聽眾嗎？」

我的恩師史蒂芬・柯維博士，就是善用這原則的高手。他曾叫數千人在各自的職場上教同事「七個習慣」，以此改變了他們的人生。柯維博士表示，我們教別人時不但能學得更好，自己也會更認真研究那些概念，付諸實行的機率明顯提高。他說得對，而且這對你也一定有效。

希望你能找到好書、參與有益的研討會，以及陪你一起教學相長的夥伴，藉此高效學習。這是加速學習的起點，也是改變行為的基礎。你想和誰建立教學相長的關係？你想在什麼地點、什麼時間、用哪種方式分享自己學到的知識呢？

和我一起教學相長的夥伴是……

跟對方互相教學的方式和時機是……

什麼是記憶存取模式（VAKOG）？

讓你加深情感、加快學習的另一個方法，就是在學習時置入更多感官。如你所知，我們要存取關於周遭世界的資訊時會用到**五感**，也就是**記憶存取模式**：（1）**視覺**（Visual）（2）**聽覺**（Auditory）（3）**觸覺**（Kinesthetic）（4）**嗅覺**（Olfactory）（5）**味覺**（Gustatory）。

在生活中，我們主要依靠五感中的前三感「**VAK**」。這對我們的學習方式也影響甚大。越常使用這三感「VAK」，學習速度越快，記住資訊的時間也越長。

例如，當你聽課（A）寫筆記，就能加入觸覺（K），提升記憶力和理解力。如果把每個想法的關聯畫成示意圖（也有人稱為**心智圖**），就能同時用到視覺（V）和觸覺（K），是好方法。把讀過的內容（V）說給別人聽，自己再聽一遍，就能用到聽覺（A），而且說話時有動到臉部肌肉，也包含了觸覺（K）。還有記數字時，可以思考數字的發音（A）跟什麼類似，也可以在心中描繪那個數字（V）。

在學習過程中同時用數個感官，是相當好的工具，記憶力專家幾乎都用這個技巧。接著我要介紹如何活用ＶＡＫ技巧，更正確地運用示範，進行更有效的溝通。

所謂的學習，就是要改變行動

最後，關於如何對學習內容加深情感，我還有另一個重要方法。那就是實際**運用**學到的內容展開行動，實踐學到的「會帶來不同的不同」，並嘗試和以往不同的做法。一旦開始實踐所學，對那些知識的了解就能提升到全新的層次，讓你銘記於心。

我的好友之一是世界頂尖業務員約翰．蘭金斯，他在印尼經營直銷企業，年收入高達數億日圓。不過約翰當初剛入行時，情況完全不同。他曾在美國海軍服役，退伍後才體認到沒有任何謀生技能，求職到處碰壁……

後來，約翰穿著夏威夷海灘褲挨家挨戶推銷，正因他不知該從何做起，便決定靠行動加快學習速度。他的做法是一天三百次ＳＥＸ！所謂的ＳＥＸ，就是面帶笑容（Smile）、眼神接觸（Eye Contact）和情緒高昂（Excitement）。他一天拜訪三百家客戶，磨練推銷技巧，不久便成為首席業務員，甚至被授權為獨立經銷商。

學習是成功的基礎，實踐是學習的根本！

要養成先有改變自身行動的意圖，再來學習的習慣。因為真正的學習，全是為了改變行為。如果光讀書不行動，一點意義也沒有。要改變行動，才能改變人生，而且行動會讓你的學習歷程加速到全新的水準。

想快速學習，就要展開行動！

如果要把從本書學到的知識應用在生活中，你現在會立刻採取什麼行動？

為了活用從本書學到的知識，我要做的是……

記憶力永無止境

整理大腦的圖書館還有另一個秘訣，找出資訊間的**關聯性**。光是這個區別就能讓記外文單字的速度提升十倍。只要把有關聯性的單字擺在一起學就好，例如一天學動物名稱，一天學車輛種類，一天學格鬥技的動詞，一天學職業名稱。記憶力是永無止境的，因為語言間都互有關聯。

要提高記憶力，就要讓所學產生關聯。

相較於此，現在學校的做法反而是盡量不讓資訊間產生關聯。物理、音樂、數學、美術全是獨立學科，互不相干。如果設計成讓各科目間有關聯又會如何？孩子會學習聲音的物理學，和弦進行的數學，然後在一天的課程將結束時，去勞作教室一起製作鋼琴。

這樣一來，記憶力會大幅提升，學校會變得有趣，那種讓學生拚命考試，吐出毫無關聯的混亂資訊的教育模式，也一定能就此消失。

把已知與未知連結，是學習的秘訣

學習基本上就是將「**已知**」和「**未知**」結合。優秀的教師都了解這點，他們在教學時會把新知和我們已知的事物串聯起來。

反觀效率差的老師，都有把「未知」與「未知」連結的壞毛病。

比如他們會說：「SDI端子使用單線形式，這一點和AV端子頗為類似。相較之下，Y／C端子是雙線，色差端子則大多是三線。」

如果是修錄影機的工程師，或許聽得懂，但絕大部分人都會一頭霧水，根本無法學習。這知識儲存在大腦某處，但我們無法讀取，因為它和其他已知資訊沒有任何關聯。

要是換成以下的說法呢？

「在家裡安裝錄放影機或電視時，都有條附黃色接頭的傳輸線。在業界那條線叫AV端子，又稱複合端子，因為它能靠一條線把所有錄影內容傳輸過去。」

當我們把「AV端子」（未知世界）跟用來連結錄影機和電視的傳輸線（已知世界）連結，就是有效的學習。

學習就是「已知」與「未知」的連結。

如果要有效學習新事物，就必須連結其他已知的事物。

當你第一次學開車，和騎腳踏車有何相似又有何不同？假如要學駕駛直升機，你就會思考這和開車有哪些關聯。這意味隨著年齡增長，學習速度也會加快。因為知識和經驗越豐富就越能為新資訊找到更多關聯性。

兩歲兒童應該無法用母語流暢對話，但大人移民後，只要兩年就能用當地語言交談。不，只花半年就能做到的也大有人在。

年齡越大，學習速度越快。

提升專注力！

為了讓大腦效能充分發揮，加速學習，專注力是必須的。

許多人看完書後卻一無所獲，你是否也有這樣的經驗？問題就在你看書時不知道該把重點放在何處。你要知道自己在追求什麼目標，確定焦點擺在何處。

學習的焦點應該放在三個部分：（1）**區別**、（2）**技能**、（3）**參考資料**。

學習的目的，是要獲得「區別」「技能」和「參考資料」。

成為偵探，找出「會帶來不同的不同」

所謂「會帶來不同的不同」，就是從「**區別**」的概念中衍生。為了讓你正確理解「區別」的概念，我們先以雪為例，你能分辨幾種雪？你知道幾種雪的名稱？大部分的人都只知道兩、三種而已。那麼，滑雪教練又知道幾種呢？

我實際問過幾個滑雪教練，平均是八種。他們是雪的**專家**，經常待在有雪的地方，知道隨著雪的種類不同，滑雪的技巧也不同。你知道因紐特人（譯註：分布於北極圈附近的美洲原住民）知道幾種雪嗎？超過三十種。他們堪稱雪的**高手**。畢竟雪對他們的生活影響甚鉅，如果沒有辨別雪的能力，連存活都有問題。

要成為某領域的專家，就必須知道更精細的區別。鼓手比一般人更能區分旋律的不同。藝術家能區分更多色階。舞者能做出更豐富的動作。汽車業務對不同車款的引擎尺寸、年分、型式也能看出更細節的區別。

有效學習的首要焦點，就是在人生的各領域中，發現能帶來成功的必要區別。然而，並非所有區別都是平等的。一旦知道某些區別，會比其他區別更能加速成功。我把這些能加速成功的區別，稱為「會帶來不同的不同」。

學習的首要焦點，就是發現「會帶來不同的不同」。

例如，你第一次玩滑雪板，初學者照例都會摔個不停，接著你就會開始想：「為什麼我要玩這麼愚蠢的運動？」這時，你發現滑雪教練完全不會跌倒，他得到的結果和你截然不同。他可能**運用身體的方式**不同，把**焦點**放在某個被你忽視的重要地方，不然就是在心中對自己用的**言語**不同。

這就是「會帶來不同的不同」，對每個領域都通用。舉例來說，要是**你想知道更有效的投資方法，不必精通經濟學，只要找出失敗者和成功者之間的區別就夠了**。你無須了解所有區別和知識，只要知道「會帶來不同的不同」就好。

把焦點放在「會帶來不同的不同」，能讓你的學習速度加快好幾倍。因為你選擇把焦點集中在尋找能立即改善成果的關鍵上，而非死背所有相關知識。

「會帶來不同的不同」是最深層的知識。那些區別、行動、焦點、言語類型、運用身體的方式，都能讓我們立刻提升所得成果的層次。每當我讀書，參加研討會或見某領域專家時，都會試圖找出對方「會帶來不同的不同」。請你現在也馬上化身為偵探，找出「會帶來不同的不同」，不斷提升自己的生活水準。

找到新的「會帶來不同的不同」，就能得到新的人生。

技能：超越知識的執行力

擁有優秀學習能力的人，不但能學會區別，還能習得**技能**。技能是將頭腦理解的概念身體力行的能力。潛水是技能，滑雪是技能，徒手劈柴也是技能。這種行為的機制本身並不難，但需要練習。

學習技能的第一關鍵是**建立心像**和**想像訓練**。我之前指導過世界級運動選手，全都活用這些方法。我認識的音樂家和舞蹈家，也會在實際登台前，於腦內進行多次模擬演奏。

習得技能的第二關鍵是**反覆**。所謂的精通之路就是不厭其煩地練基本功。想成為高手就得反覆練習基本動作，直到這些動作和自己合而為一。將空手道從沖繩推廣到日本的船越老師，據說每天早上都會練最基本的出拳動作至少千次，所以他才能成為大師。

致富的基礎也是相同的道理。

東尼．羅賓剛出社會時曾為一個叫吉姆．羅恩的人工作。有一天，羅恩拿了一本書給東尼：「我要你看看這本書。」東尼接過書，看了書名後回答：「這本書我讀過了。」

羅恩一聽就反問：「你讀了幾遍？」絕大多數的人都只會看一遍，但成功者不是。羅恩接著教東尼一個重要原則：「我看了幾十遍，而我是有錢人。你只看了一遍，而你是窮人。你明白其中的差異了嗎？」

東尼明白了彼此的區別。之後他重看了數十遍並成為超乎想像的大富翁。那本書就是拿破崙．希爾的《思考致富》（Think & Grow Rich）。我也很推薦你去讀讀看。

所謂的精通，就是不厭其煩地練基本功。

幾乎所有技能都一樣，只要主動付出相對的代價，每個人都能習得。一旦習得更多技能，我們就能獲得不同以往的人生樂趣。如果我沒學會日語，我在日本的生活一定是完全不同的結果。這不單是知識的問題。連學習外語時，也必須訓練自己實際開口說這個語言才行。

我曾有位非常博學的同事被外派到日本，在當地學習日語。他用加速學習的背誦法在短短三個月成功記住三萬多個詞彙。這真是驚人的技巧。然而，他卻完全無法開口說日語，因為他沒學到如何活用知識的技能，沒做口語**練習**。他因此陷入沮喪，甚至得了精神官能症，只好回美國。直到最後，他都不明白自己失敗的理由。

要活用知識就必須練習。光看書無法學會游泳，你得跳進泳池裡。要成功就需要技能。學會更多技能，豐富自己的人生！

讓我們實踐知識，學會技能吧！

為了提高人生的品質，我想習得的技能是……

增加參考資料，活出極致人生！

學習的第三焦點，就是拓展自己的**參考資料**。這是我在學習中最喜歡的部分。

當我們要理解世界時，都會參照自己**過去的經驗**。這點必然會導向一個結論，要提高理解力，就必須獲得更廣泛的經驗。許多人能拿出的經驗都非常狹隘。有人擁有二十年的經驗，也有人用一年的經驗重複二十次。

如果想讓人生一直處於巔峰狀態，你需要更廣泛的參考資料，幫助你了解世界。獲得新的經驗和知識，會帶給我們兩樣東西，那就是「**比較對象**」和「**譬喻表現**」。

把富士山和後院的山丘相比，看起來或許很大，但如果和阿爾卑斯山相比，就變小了。如果拿現今面臨的社會問題和八〇年代的泡沫經濟相比，或許很嚴重，但是和非洲沙漠地帶的居民面對的困境相比，又顯得微不足道。這些都是參考資料（比較對象）的問題。

除了增加比較對象外，更多的參考資料也能讓我們的譬喻表現更豐富。當我們面對周遭世界和生活大小事時，就能以全新的方式去理解。

有一次，某個客戶來找我商量事業上的問題。當他說明自己遇到的狀況時，我腦中忽然浮現一個很有意思的畫面。

「你目前面對的問題，和駕駛直升機很類似。開直升機時，每當吹起橫向風，機身就會突然往一邊傾斜。這時教官總會說：『忍住，忍住！』外行人常會反應過度，讓直升機傾斜得更嚴重。但只要你耐心等風停止後，機身自然會回到原位。你現在的狀況就是這樣。要是你反應過度，狀況不但不會好轉，反而還更糟。你要沉住氣，以不變應萬變，這樣員工才能安心地解決問題。」

以客戶的情況來說，這是極為有用的建議。重點是，我有駕駛直升機的經驗當參考資料，才能類推到他的狀況，透過譬喻提供解決問題的新方法。擁有能當成參考資料的豐富經驗與知識，實在至關重要。

為了拓展自己的視野，我想親自去體驗的是……

把數十年縮短至數小時！

我們之前學到的學習策略，全都有助於接下來要介紹的「**模仿**」。

牛頓說：「如果我看事情比別人清楚，那是因為我站在巨人的肩膀上。」有很多追求成功的人，都在做彷彿從頭發明輪胎的事。不必把每件事都搞得那麼困難，站在巨人的肩膀上（活用前人的智慧和經驗），會讓事情更簡單。

有天我和朋友在斐濟群島一起吃午餐。他才剛賣掉自己的一間公司，這筆交易讓他個人賺進數千萬美金。在餐桌上，他忽然開口：「詹姆斯，我活到現在從沒想過獨創的點子，今後也不打算想。」他的成功哲學很簡單，就是到處尋找已有成效的做法，運用在自己的事業上。

在我至今學過的學習策略中，沒有比「模仿」更快、更明顯見效的。所謂的模仿，就是找到已獲得你期望的成果的人，徹底觀察和模仿對方的所作所為。只要用這個方法，就能把幾十年的努力縮短至幾小時。即使是必須花上好幾年才能發現的「會帶來不同的不同」和「技能」，也可以在數日內、數小時內，甚至數分鐘內學會，成為屬於自己的東西。

這個做法能應用在生活各層面上，維持健康、累積資產、建立優質人脈或改善業績等，都能派上用場。模仿能幫你實現夢想，簡直就是**成功的萬能鑰匙**。

模仿是讓人生成功的萬能鑰匙。

當我進入講師界初次演講時，幾乎沒什麼能參考的經驗。但幸運的是，當時我至少有顆謙虛的心，知道自己需要幫助。後來我開始模仿一次演講有數萬美金收入的業界翹楚。

首先我把史蒂芬．柯維當成模仿對象，每天研究他如何演講，如何和聽眾建立關係，如何影響他們的人生。半年後，柯維博士的公司副總來聽我演講，結束後他跟我說：「你和柯維博士簡直一模一樣！」

靠著活用模仿法，我加快成功的腳步，不到一年就成為日本最受歡迎的講師之一。之後也陸續模仿東尼・羅賓、約翰・格雷等優秀演說家，每次聽演講時，我都會思考：「這個人能成功的原因是什麼？這個人『會帶來不同的不同』是什麼？」

想要快速學習，就得找出已經成功的人！

配方的力量

幾年前，我到世界首屈一指的連鎖飯店某分店進行指導，在主管研習會上，問坐在前排的行政主廚：「你有稱得上拿手絕活的料理嗎？如果要你端出一道自認是世界一流、無人能敵的料理，那會是什麼？」

他自信滿滿地回答：「當然有。如果是淋上白醬的白肉魚，交給我就對了。我不會輸給任何人的。」

「你是花了多久才能完成那道料理？」

「二十年。」

「如果我偷了你的食譜，你覺得需要多久？」

他想了一會，點點頭說：「大概兩小時吧。」

身為一流廚師，他能理解模仿的原理，因為他知道**配方的力量**。模仿就像看配方，知道成功需要哪些材料，要按照什麼順序，每個步驟要做哪些處理。如果這配方的威力夠明確，不管用幾次都會得到相同結果，成功率可謂百分百！不但能不斷複製，還可以教別人。

試想，假如你的事業擁有成功的服務配方，會帶來多大衝擊？要是有開發暢銷商品的配方，又會如何？要是有活化團隊的配方，又會如何？這正是世界一流企業在做的事。他們會想出成功的配方，不斷重複使用。麥當勞訂出建立速食餐廳的配方。3M以開發商品和創新的配方聞名。P&G擁有打造品牌的配方。

你必須找到哪種配方，才能讓你的事業成功？更重要的是——如果現在就想實現夢想，必要配方是什麼？

想成功，就要找出成功的配方！

我正在尋找的配方是……

模仿的進階篇（VAK）

模仿的重要策略之一，就是活用前述的VAK。人生中能得到的一切成果，都能透過五感中的前三感，也就是視覺（V）、聽覺（A）和觸覺（K）獲取。

知道這點後，要模仿別人的成功就能省下不少力氣。當你要模仿某個人時，記得先找出對方是因為擁有什麼焦點（V），使用什麼言語（A，尤其是在心中對自己說的話），如何運用身體（K），才能產生這樣的結果。接下來，你只要採用那個人的**焦點**、**言語用法**和**身體用法**（VAK）就好。

假如你想在投資股票上取得成功，就該把焦點（V）放在選出有潛力的個股上。很多人把焦點放在媒體報導或親友投資的品牌上，但無法持續獲得豐厚利潤。只要模仿那些股市的常勝軍，就會知道他們擁有截然不同的焦點。

他們在挑選個股時，都會問自己以下幾個問題：

「這家公司的總部設在哪個國家，該國的經濟成長率是百分之幾？」

「把這產業的成長率和整體經濟的成長率相比，結果如何？」

「這家公司是同業的領頭羊嗎？」

「這家公司的流動率、年營收成長率、過去三年的獲利成長率是多少？」

「進入這個市場後，智慧財產權是否構成其他企業進入的障礙？」

也難怪他們能獲得截然不同的成果了。

如果你想讓射擊技巧變好，運用身體的方式（K）就扮演更重要的角色。那些射擊高手都是用什麼姿勢拿槍？用什麼姿勢站立？雙腳打開的幅度多大？是單手持槍，還是雙手持槍？會怎麼瞄準標靶？

如果想提升業績，言語（A）就扮演更重要的角色。成功的業務會如何說服客戶？如何提問才能引出顧客的需求？說話時用什麼語氣？

焦點（V）也很重要。最頂尖的業務是要專心拿合約，還是把重點放在和客戶打好關係？是致力於電話推銷，還是專注於讓客戶接受商品？

你要記得，只要找出「會帶來不同的不同」就會有成效。

來做成功的配方書吧！

請試想，如果模仿各領域高手，會為你將來的人生帶來多少好處？當你在想取得成功的領域，找到已成功的模仿對象時，會得到多寶貴的禮物？當你忽視成功者所累積的經驗和智慧時，必須付出怎樣的代價？你甘願一直付出那些代價嗎？

模仿其實很簡單。現在馬上就能開始！請你先選出一兩位想模仿的對象。那個人的強項是什麼？你想從對方身上學到什麼？要怎樣才能接觸對方？你能直接見到對方嗎？還是有書籍或影片能傳遞對方的知識和技能呢？

我想模仿的人是誰？

我想從對方那裡學到什麼具體技能、知識或策略？

要用什麼方式模仿？（研討會、書籍、影片、面談等）

原創性也來自於模仿

模仿高手的好處，人人都理解，但弔詭的是，很多人不想用這個方法。最常聽到的說法是「這樣還有原創性嗎？」我很了解這種意見，因為我也很重視原創性，原創性和創造力的排名在我的價值觀中一直名列前茅。

所以我的建議是，你可以模仿充滿創造力和原創性的人。

如果想發揮創造力，就要了解最能發揮原創性的人都怎麼做。他們會提出什麼問題？如何運用身體，保持充滿創意的狀態？把焦點放在何處，才能察覺別人沒看到的事物？

想發揮原創性，就要模仿有創意的過程！

辨認模式是一種助力

說到底，一切都取決你能否辨認模式。東尼．羅賓曾說：「成功是有線索的。」我們要找出那些線索，那些能帶來成功的模式，然後據為己有。

你的生活模式是什麼？什麼問題總是一再發生？要怎麼做才能立於不敗之地？有什麼新模式是你必須立即學習和實踐的？

成功者擁有效果顯著的焦點模式（V）。不論處於何種狀況，他們都不會只看問題，而是一併找出該狀況的優點與利益。他們專注於解決的對策，而非問題本身。成功者習慣使用言語（A）激勵自己。他們強調正面的情感，並把對自己無益的情緒控制在最低限度。最後，最成功的人運用身體的使用方式（K），讓自己產生別人夢寐以求的能量和行動力。

所以我們的下一個步驟，就是「得到無限的健康」！

成功是有線索的。去找出來吧！

在這一章學到的事

你在本章學到的重點是什麼？

你做了什麼決斷？

你現在能馬上採取什麼行動？

STEP 3

得到無限的健康（健康）

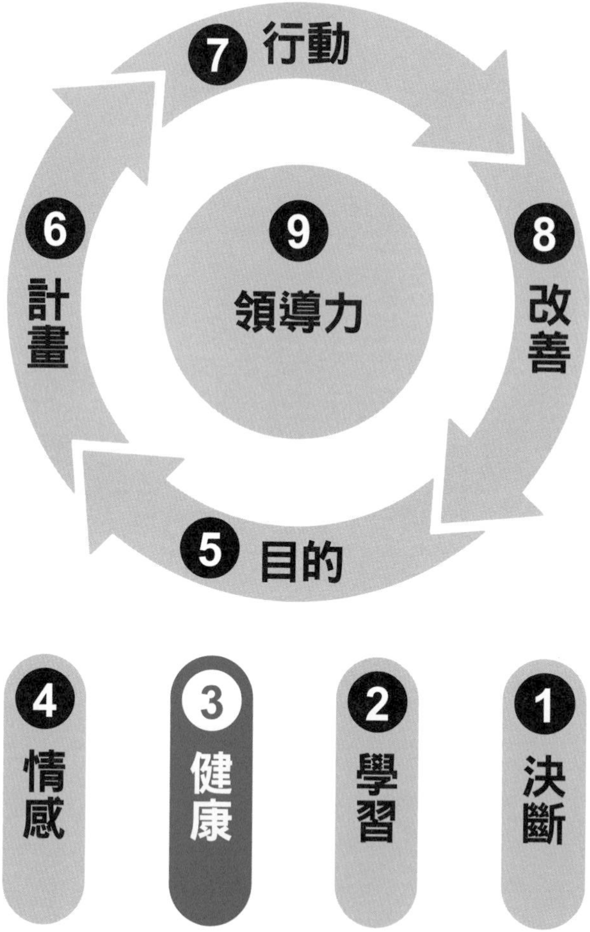

健康是能量。那是讓你在人生的每一刻，都能實現夢想的活力。如果沒有健康的身體，哪怕你有再多財富、地位、名氣，都無法得到幸福。健康和能量是身體的自然狀態。現在是送給自己無限能量這個生命禮物的時候了。

在我要傳授的概念中，就屬本章介紹的健康原則最為單純，但只要是聽過的人，生活上都會受到巨大的影響。你或許做出正確的決斷，或許正在模仿高手，但如果沒有行動時必備的能量，你就不可能實現夢想。

相對地，如果你身體健康，就會自然產生**無限能量**。有了這些能量，不管什麼夢想都能實現，不管什麼目標都能達成。請思考一定要健康的理由。若想得到真正的成功，就要把健康列入必要條件。

我決心要得到最健康的身體，是因為……

健康是身體的自然狀態，生病和疲勞都不自然。雖然這是天經地義的事，但很多人卻把每年生幾次病視為理所當然。是時候拿回主控權，追求健康的身體和生活了。

我是因為陷入低潮，才開始進行健康相關的研究。二十八歲時，我看起來像四十歲，體重超重十六公斤，總是感到疲憊，整個人病懨懨的。我有典型的美式飲食習慣，運動對我來說，是伴隨巨大痛苦的行為。就在這時，發生了一件有趣的事。我在短短時間內連續遇到四個充滿能量的人，看起來幸福洋溢、活力十足，過著無比自由的生活。看到他們那樣，我真是羨慕得不得了。

當時正在學習模仿法的我向他們請益，這四個人實踐的飲食習慣和運動方式竟然如出一轍，而且成果相當顯著。之後，我展開探索人體機制的冒險，直到現在依然充滿熱情。我讀遍運動和生理學的相關書籍，研究營養學，參加醫療領域的頂尖研討會，甚至連癌症和狂牛症的書都不放過。

將從中學到的單純原則加以應用後，我成功減重十六公斤，第一次跑完全馬，也不再生病。最重要的是，我得到了旁人驚訝不已的豐沛能量。

在解說健康的簡單原則前，我想先說明自己對這個領域的信念。

市面上有很多講述如何培養健康的書，在檢驗健康的相關理論時，我的第一原則是確認是否有充分的研究佐證。第二個原則就是確認這些論述是否合乎邏輯，好處大於付出的代價。下一個原則，就是用自己的身體測試那個理論。最後一個原則，就是「跟你的健康有關時，你是最專業的那個人」。因為這是你的身體，你必須承擔最終的責任。

接下來你在本章看到、聽到、體驗到的一切，都是通過上述原則篩選後認定合格的理論。更重要的是，我本身和我無數的客戶都曾活用這些理論，為生活帶來變化。這些理論都有明確效果，相信你也能發揮其威力。

健康是能量！

幾年前，我參加一場研討會，老師根據他在醫學院八年的研究，在醫院的實習經歷，以及出來開業數年的經驗，向我們斷言：「我從沒聽過任何對健康的明確定義。」醫生是疾病的專家，對每種病都有定義，但一講到健康，連醫生也幾乎陷入答不出來的窘境。

醫生不是健康的專家，而是疾病的專家！

大多數的人都把健康定義為「沒有生病的狀態」。在此，我們要先賦予健康明確的定義！

健康是能量。就這麼簡單。如果我們有無限能量可以過自己的生活，追求夢想，去工作、玩樂、關愛和奉獻，這樣就是健康。如果我們疲憊、生病、面容憔悴，那就不算健康。

這種觀念對很多人造成衝擊。因為很多人覺得自己沒有病徵，就以為自己很健康，直到回顧生活種種，才驚覺自己並沒有像我形容的那麼有活力。但我希望你保持希望。只要理解幾個簡單原則並實踐，你就能得到想要的能量，以及與生俱來應有的健康。

健康，就是能量！

無限健康的兩個原則和四個關鍵

根據多年的指導經驗，我發現自己教的**「無限健康」**知識，可歸納為**兩個原則**和**四個關鍵**。

兩個原則

1. 不用就會消失。
2. 所有進入體內的物質，不是被同化，就是被排除。

「不用就會消失」是不言自明的普遍原則。肌肉不用就會萎縮，如果不定期做有氧運動，就會失去燃燒脂肪的酵素，吸收和消耗氧氣的能力也會變差。

第二個原則也一樣。進入身體的物質，不是在健康的細胞中被同化使用，就是透過需消耗能量的管道被排出體外。如果把能量花在排除上，我們就無法用這些能量過更有活力的生活。

獲得健康和能量的秘訣，其實很單純，就是做有氧運動，使用肌肉，不增加排泄過程的負擔。

想提高自己的能量，就要做有氧運動，提升肌力，降低排泄負擔！

我以這兩個普遍原則為基礎，推出「健康四關鍵」實踐法，只要每天持續實行，就能獲得驚人豐沛能量的四個行為。

四個關鍵

1.用有氧運動提高吸收氧氣的能力。
2.用超負荷強化肌力。
3.攝取最優質的營養。
4.遠離毒素。

KEY 1 用有氧運動提高吸收氧氣的能力

連基礎也不知道！

在研討會教過好幾千人後，我發現一個驚人事實，就是大部分的人都對健康和生理學一無所知，連我也不例外。為了確認聽眾的知識水準，我都會丟出以下問題：「請問各位能正確說出身上主要臟器的名稱和功能嗎？」

其中能答出的人數竟不到百分之一，而且這些聽眾還是社會上教育程度較高的一群人們。就和以前的我一樣，處於無頭蒼蠅的狀態，而且他們的健康情形和能量水準，也都反映出這一點。

接下來，在詳細說明如何建立健康的生活形式前，我要先從生理學，也就是身體研究的角度，來介紹幾個基本知識！

來學基礎吧！

能量是從哪裡來的？

身體和車子很類似。車子用引擎燒燃料，製造動能，而身體也有相同的機制。身體會燃燒燃料，以ATP（三磷酸腺苷）的形式產生能量。把汽油加進柴油車，車子會拋錨。我們的身體也一樣，需要適合的燃料。身體燃燒的燃料，基本上有三種。

第一種燃料是游離脂肪酸。膽固醇等脂肪無法代謝成能量，能成為能量的只有游離脂肪酸。身體的脂肪幾乎都以三酸甘油酯的形式儲存，三酸甘油酯是由三個游離脂肪酸結合而成，別名體脂肪。

第二種燃料是葡萄糖。果糖等醣類若不轉換成葡萄糖，就無法透過代謝產生能量。

第三種燃料是磷酸肌酸。這種磷酸肌酸是產生爆發性能量的來源，非常短命。參加奧運百米賽跑的選手，主要都是靠磷酸肌酸在跑。但會去參加百米賽跑的人應該很少，所以只要記得磷酸肌酸是短期能量的來源就好，更詳細的內容請容我略過。

能量的主要來源是脂肪和葡萄糖。

瓦斯桶在哪裡？

能量是儲存在身體哪裡呢？是脂肪堆積的部位。雖然因遺傳而有個人差異，但體脂肪基本上是遍布全身的。我提過，體脂肪主要是以三酸甘油酯的形式儲存，所以當醫生說：「你血液中的三酸甘油酯含量偏高。」意思就是你有肥胖的傾向。

葡萄糖是以肝醣的形式貯存在肌肉中。肝醣是由數個葡萄糖分子彼此串聯而成，會一直在肌肉待命，等你從沙發上起身使用它。肝醣貯存在肌肉中是有非常重要的理由。假如你在非洲大草原遇到一群鬣狗偷襲，你會怎麼做？要戰鬥還是逃走？都得立刻決定！

如果將三酸甘油酯分解，用血液輸送，加入氧氣，再以克式循環酵素分解，和鬣狗戰鬥時會如何？在遠古時代，或許有動物是這樣，但牠絕不是你的祖先，因為早就被鬣狗吃掉了！

人類為了求生存，必須具備當下即用的能源，而擔起這個任務的，就是以肝醣形式貯存的葡萄糖。磷酸肌酸則儲存在全身細胞中，成為短期的能量來源。它也和葡萄糖一樣，是處於隨時能用的狀態。

得到無限的能量！

如果我說「你能擁有無限能量」，你會怎麼想？

請試想，既然能量是來自於燒燃料，如果想要無限的能量，就必須有無限的燃料。好消息是，你的確擁有取之不盡的燃料。**脂肪基本上就是無限的燃料**。不管做什麼事，脂肪都不會完全消失。就算有人餓死，解剖後也仍會殘留掉兩到三公斤脂肪。想擁有豐沛能量，秘訣就是解放脂肪的力量，就這麼簡單。

我的健康模仿對象中，有個男人在十一天內跑完一千五百八十公里，實在相當驚人（請想像一天跑三趟全馬，連續十一天，你能理解這有多厲害了）。他的秘密是什麼？就是脂肪！一旦學會如何解放儲存在脂肪中的能量，你就能隨時擁有無限的能量。

脂肪是無限的能量來源。

沒有醣類，脂肪就無法燃燒

要順利代謝脂肪需要兩種添加劑，氧氣和葡萄糖。如果你看到有人做高強度運動時喘不過氣，就代表他的脂肪根本沒在燃燒。

「Aerobics（有氧運動）」的原意是「伴隨氧氣」。有氧運動是唯一能燃燒脂肪的運動，但有很多人在跳「有氧舞蹈（以運動為目的的舞蹈）」時，其實並不是有氧狀態。他們整天跳下來，燒掉的只有葡萄糖而已。

絕大部分的人都多少聽過有氧運動和氧氣的關係，但知道沒有葡萄糖就無法燃燒脂肪的人卻少之又少。有人主張既然燃料只有脂肪和葡萄糖，只要完全不吃醣類，就能燒掉很多脂肪，但這是大錯特錯。

如果身體缺乏醣類，就會進入名為酮症的狀態。身體若處於酮症狀態，脂肪會開始不完全燃燒。你應該看過引擎運轉不順的卡車，在高速公路上行駛的畫面吧。當引擎燃燒不完全時，會發生什麼事？就是空氣汙染。當你攝取的醣類不足時，體內也會出現相同的狀況。酮症時，脂肪只能分解到一半。這會導致酮體（香菸中的有害物質之一）流進血液。這對健康來說，實在不是明智之舉。

由於身體渴求更多醣類，肝臟會從身體的蛋白質中抽出氮化物，開始生產和葡萄糖相似的分子。但問題是，體內最容易取得的蛋白質，就是免疫系統、荷爾蒙和酵素的成分。

當你運動時，免疫系統燒起來會怎樣？這樣實在很蠢。這種減肥法由於脂肪進行不完全燃燒，所以體重或許會減輕，但不會帶來健康，也不是長久之計。

掌控身體的是什麼？

當你想像精力充沛的健康肉體時，腦中會浮現什麼畫面？應該很多人都會想到肌肉結實的身軀吧。沒錯，掌控體內的正是肌肉！

在開始運動的那一刻，也就是肌肉動起來的瞬間，體內會出現巨大變化。心臟收到訊號，開始排除更多二氧化碳，同時也加快脈搏，以供應更多燃料。身體開始生出新的微血管（把養分和氧氣輸送到全身細胞的小血管）。

只要每週做三次以上有氧運動，持續六個月，微血管的數量就會增加三十到五十倍。你沒看錯，不是三十到五十%，而是三十到五十倍！紅血球生成速度變快，強化輸送氧氣，排出二氧化碳的機能。

肺部知道必須吸入更多氧氣，排出更多二氧化碳，於是打開肺部細胞，讓這過程變得更容易。肝臟加快從攝取的食物中抽出葡萄糖的流程。胰臟分泌出更多胰島素，協助補充肝醣。三酸甘油酯（體脂肪）開始分解，將可用來產生能量的游離脂肪酸釋放進血液中。骨質密度增加。體溫隨能量的產生而提高。為了降溫，身體開始流汗。

然後，奇蹟發生了。你的身體開始製造新的脂肪燃燒酵素！在這一連串過程中，有哪個部分拒絕過肌肉的要求嗎？答案很明顯，完全沒有。體內是肌肉在掌控的！

肌肉掌控一切！

運動計畫：心臟掌握關鍵

想有效地運動，就要了解體內如何運行。從我剛才描述的全部過程來看，幾乎每個步驟都很難確實掌握。有什麼方法能在運動的過程中，測出胰島素的分泌量呢？

有個簡單的測量法，可以掌握運動計畫的關鍵，那就是心臟的脈搏。在運動時測量脈搏，就能知道身體正在代謝什麼燃料。我們可以根據這點決定如何調整運動量，同時也能大幅提升運動的安全性。在測量脈搏前，一定要先知道你的**最大心跳率**。不論做什麼運動，吃什麼食物，都不會影響最大心跳率（但即使心跳率相同，每次跳動時送出的血量仍會受到影響，請不要誤會了）。

影響最大心跳率的唯一因素，就是年齡。即使年歲增長，心臟依然用以往的速度收縮，但由於肌肉失去彈性，心臟得花更多時間，才能恢復原本的舒張狀態，所以一分鐘內能跳出的最大心跳率才會逐漸變少。用二百二十減去自己的年齡，就能大概算出自己的最大心跳率。由此可知，四十歲的人最大心跳率約一百八十，三十歲的人約一百九十。

接著，我以心臟提供的資訊為基準，介紹**最適合的運動計畫**。

首先，在只達最大心跳率的一半時，做十到十五分鐘的**暖身**。

為什麼要暖身？答案很簡單。平常血液中流動的游離脂肪酸的量是一定的，如果一開始就做激烈運動，游離脂肪酸會燃燒殆盡，只剩下醣類能燒。一旦燃燒醣類，血糖就會下降，開始感到疲勞（有種不太對勁的徵兆）。身體消耗完葡萄糖後，又會把目標轉向最後的能源，也就是蛋白質。這樣會導致什麼結果呢？就是落入免疫系統遭到破壞，荷爾蒙失去平衡的悲慘下場。這種做法實在不值得推薦。

相反地，如果你做好暖身，三酸甘油酯（體脂肪）就會分解成游離脂肪酸，流入血液中，為運動帶來豐沛的能量來源。

接下來，燃燒脂肪的時間到了！請在**最大心跳率六十五%～八十五%的範圍**

內運動，持續二十到四十五分鐘。

你一定會想：「為什麼不使出全力早點做完？」這是因為「身體不讓我們這麼做」。如果讓心跳率高出這個範圍，脂肪燃燒酵素會開始罷工，讓燃燒脂肪的程序嘎然而止。我曾透過能實際測量的裝置確認這種現象。燒的全是醣類，脂肪部分掛零。這樣會再次陷入惡性循環，血糖值下降，感覺疲憊，醣類不足，蛋白質燃燒，引發疾病，然後你就開始抱怨：「為什麼大家要做這麼愚蠢的運動？」

不過，一旦你維持在六十五%～八十五%的範圍，就會很幸福。因為你幾乎都在燃燒脂肪，完全沒動到醣類，所以你不會感到疲勞，只有好處，沒有壞處！

在這個範圍內運動，還有一個更重要的理由。在這種程度的負荷下持續運動，身體會開始產生幫助脂肪燃燒的酵素。這樣一來，每天生活中燃燒脂肪的容許量就等於實質增加，讓你能隨時得到夢寐以求的能量！沒錯！你能得到幫助你實現夢想的能量！

燃燒完脂肪後，再來就是做**緩和運動**。把動作放慢，約十分鐘即可。為什麼要做緩和運動呢？你以前應該經歷過肌肉痠痛吧。還記得有灼熱感嗎？為什麼會這樣呢？

身體在代謝脂肪和醣類時，會生成副產物丙酮酸。雖然丙酮酸也能當成整體能量的重要材料來代謝，但問題是丙酮酸生成的速度比燃燒快。由於氧化作用對身體是最大的問題，所以身體在處理氧化物前，會先找地方安置。

這時身體會對丙酮酸施加化學反應，轉為乳酸，存放於肌肉中。乳酸含有若干酸性，會影響肌肉，產生灼熱感。不過做了緩和運動後，血液就會將乳酸沖散，運送至肝臟，再次透過化學反應轉為葡萄糖，成為新的能量來源！

這就是正確運動的奇蹟。做有氧運動不會疲勞，不會肌肉痠痛，還能增加燃燒脂肪的酵素，讓你得到一直追求的豐沛能量。

真要說有什麼秘訣，就是**每週要做三次以上**。如果不滿三次，身體就不會製造燃燒脂肪的酵素。只靠週末運動一次，是無法實現夢想的。你一定要把脈搏提高到這個有氧範圍內，持續一段時間，而且每週至少三次，才能真正奏效。

運動時，我強烈推薦戴上心律感測器（心跳帶）。現在還有能設定目標範圍，在脈搏高於或低於範圍時，會用警鈴提醒的機型。用了這個便利的道具，運動不但變有趣，也會更安全。

以最大心跳率五十%的程度，做十五分鐘的暖身運動。

以最大心跳率六十五到八十五%的程度，做二十到四十五分的運動。以舒適的速度，做十分鐘的緩和運動。要戴心律感測器。要快樂地變健康。

注意事項

1. 有心臟病、糖尿病、癌症等病史的人，運動前必須先和醫生充分討論。
2. 如果喘不過氣，就把運動速度放慢或中止。氣喘吁吁就代表已超過有氧運動的合理範圍。
3. 運動時，要記得戴心律感測器。
4. 要清楚了解自己的身體和極限，自覺是最好的預防。

KEY 2 用超負荷強化肌肉！

運動中心充滿神話

鍛鍊肌肉的第一個好處就是自信。當你身強體壯精力充沛時，就會產生自信，其他好處還包括腳底和腹部的強健肌肉可以防止腰痠背痛。另外，肌肉是代謝脂肪的主要工具。不管在運動還是其他休閒活動上，強健的肌肉都能派上用場。

然而，在鍛鍊肌肉的領域中，充斥著比其他領域更多的神話，大家都相信的事，不一定就是正確的。接下來就由我揭開真相。

你聽到的**第一個神話**，就是關於**失效點**（無法繼續做這個動作的極限）。有許多人相信，一定要做到失效點，才能增加力量。請試想，游泳健將會游到完全游不動嗎？絕對不會。但他們還是練出滿身肌肉。所以**真相**是，當你施加**超負荷**（大於過去要求的負荷）時，肌肉會變強。請想想「不用就會消失」的原則。倒過來也一樣，「用了就會得到」！

第二個神話，是關於**全範圍**（運動時達到肌肉伸縮的極限）。許多教練都要求學員將肌肉伸縮到最大極限，宣稱這樣才能變強。請再發揮常識想像一下騎馬的人，騎在馬背上時會用雙腿夾住馬，讓馬奔馳。他們會把雙腿完全張開，再把雙膝緊緊闔上嗎？絕對不會。但即使如此，他們還是練出肌肉。這一點在我騎駱駝橫越沙漠時，就已經親自確認過了。所以**真相**是，只要對肌肉施加超負荷，肌肉就會變強。

第三個神話，是關於**四十八小時恢復**。有人認為，在運動完的四十八小時內，肌力會因為**超補償**而增強。不過，請再仔細想想，你和大你兩輪或小你一半的人相比，恢復的時間會一樣嗎？不管做什麼運動，不管對身體施加什麼負荷，恢復時間竟然都相同，你覺得有可能嗎？生病時和健康時的恢復時間一樣，這種想法合理嗎？答案當然都是否定。但在運動中心裡，我們會頻繁地聽到這樣的謬論。

所以**真相**是，需要多少時間恢復，會受很多因素影響。等腎臟處理完**細胞在運動中產生的排泄物**後，身體的肌肉就會變強壯。因此，當施加的負荷越大，需要的恢復時間就越長。

最後的神話，是「不痛，就沒有收穫！」的觀念。沒有比這個更偏離事實的神話了。**真相**是當你感覺疼痛時，就代表有地方出錯。我希望你能安全又開心地變強。快想起大腦的機制是追求快樂，逃避痛苦。

如果你老是覺得痛，應該也不想再繼續運動了吧。

四個神話

神話1要變強，就必須運動到失效點。

神話2要變強，就必須以全範圍運動。

神話3重訓的必要恢復時間，是四十八小時。

神話4不痛，就沒有收穫。

三個真相

真相1對肌肉施加超負荷，就會變強。

真相2恢復時間會隨著身體狀況和運動負荷而改變。

真相3感覺疼痛，就代表有地方出錯。

要訓練肌力，記得計時！

由於肌肉承受超負荷會變強，如果想讓肌力變強，最重要的就是得正確掌握訓練時施加的負荷。要正確測出訓練時施加在肌肉上的負荷，有兩種方法，兩者各有利弊。

第一個方法，名為**功率因子訓練法**。這是測量在一定時間內移動的負荷量。例如，當你做仰臥推舉時，在一分鐘內把二十公斤的重物舉起十次，這樣你的**功率因子**就是每分鐘兩百公斤，做了一分鐘。你可以把「每分鐘兩百公斤×一分鐘」的句型，寫在自己的運動記錄裡。

時間是很重要的因素，一分鐘推兩百公斤和一小時推兩百公斤，兩者的負荷量是截然不同的。重量訓練最重要的就是計時，這樣就能確實掌握每單位時間的負荷量。

想鍛鍊力量，就要計時。

事實上，這很容易辦到，只要先決定要在每種運動上各花多少時間就好。比如，你可以決定每個運動做三十秒或一分鐘。很多人以為要練肌肉就必須花很長時間，這是神話。請記住，讓肌肉承受比過去更大的負荷量，肌肉就能變強。

關於力量的增幅，如果每次運動都能增加五到十%，是最理想的。因此，假設你做仰臥推舉的功率因子是兩百公斤，下次就調整成兩百一十公斤即可。在複利效果加持下，只要每次提高五%肌力，應該不久就會練出驚人強度了。

絕大部分的人不會在每次運動時，都對肌肉施加超負荷，因此變強的速度不會那麼快。要正確地測出負荷量，再依照測量結果設定功率因子，你才能用更短的時間，獲得更大的成果。

要增強肌力，就施加超負荷。

還有另一件重要的事，就是運動的**組數**。答案是一組。我說過對肌肉施加超負荷，肌肉就會變強。同一組動作做第二次，對鍛鍊肌肉的幫助微乎其微。除非你是運動員，否則對大多數人來說，沒必要只為了提升那一點表現，就付出雙倍的努力。

做兩組以上，只會增加腎臟處理細胞排泄物的時間。講白一點，為了變強而長時間耗在運動上，根本沒必要。

如果要增加力量，運動只做一組就好。

就算不動，也能練出肌肉?!

功率因子訓練法是針對失效點的神話而生。只要正確了解過去對肌肉施加多少力量，就能知道要多少負荷量才能練出發達的肌肉。

接著，讓我們把焦點轉到全範圍動作的神話上。肌力訓練的研究者彼得・西斯科和約翰・里特，曾透過減少各種運動的動作幅度，來驗證這個觀念的真實性。後來實驗結果指出，就算完全不動肌肉，也能讓肌力變強。

我把這種重訓法稱為「**靜態負載**（Static Loading）」。概念很簡單，就是從某個運動的動作中找出強度最高的姿勢。以仰臥推舉為例，就是把手臂幾乎打直，但沒鎖住（完全伸直狀態）的動作。因為手臂或腿部一旦鎖住，支撐重物就不是靠肌肉，而是單靠骨骼而已。

要選只能維持**靜止狀態**十五秒的重量。剛開始時，這需要一點嘗試。

如果你撐起二十公斤重物並維持靜止，你的肌肉是承受多少重量呢？答案當然是二十公斤。如果重物開始下降，壓在肌肉上的重量是多少？這沒人知道，只能確定是少於二十公斤。如果你用超過二十公斤的力量去推，重物就會上升。這是單純的物理法則！必須以靜止狀態撐住重物，才能正確得知你的肌肉承受了多少負荷。

當重物開始下降，一定要馬上停止，到此為止。這算是你的一組。等下次運動時，你要把撐住這個重量的時間延長。如果你能讓重物保持靜止三十秒，就繼續調高重量，直到你又只能維持十五秒為止。

用這個方法，你可以在非常短的時間內，就得到驚人的力量。這是因為你給肌肉施加巨大的負荷，而且這負荷造成的細胞排泄物也很少。另外，由於這方法所需的運動時間相當短，所以乳酸幾乎不會堆積，肌肉也不太會痠痛。

我非常喜歡這個方法，因為只要十五分鐘，我就能結束訓練，繼續享受生活。

不用動，就能增加力量！

掌握自己的恢復期！

不管是用功率因子法，還是靜態負載法，了解自己的**恢復期**（兩次運動間的休息時間）很重要。有氧運動可以天天做，但肌力訓練需要充分恢復，否則不但沒好處，甚至可能有壞處。

要掌握自己的恢復期非常簡單。如果你之前很少鍛鍊肌肉，運動造成的細胞排泄物就趨近於零，可以天天運動，效果也會不錯。

關鍵就在於每次運動都要增加五到十％的負荷，如果連五％負荷也無法增加，就表示恢復期不夠，那就把休息時間延長為兩天看看。等負荷增加到某個時間點，兩天又會不夠，一旦遇到這種情況，就把休息時間再延長為三天。

到最後，就會變成一週做一次運動就夠了。

掌握自己的恢復期！只要無法提高五％負荷時，就延長休息時間！

注意事項

1. 如果選靜態負載當訓練方式，會負重。進行訓練時，一定要選擇附帶制動器（卡住重物以免掉落的裝置），可以防止重物直接壓到身體。如果你常去的健身房沒有這樣的設備，請改用功率因子訓練法運動。
2. 在開始重訓前，一定要先做適當的暖身。
3. 要了解自己的極限，運動時保持自覺。

KEY 3 攝取最優質的營養！

大家都知道，攝取適量營養是健康不可或缺的一環，給身體必要的材料，造出健康的細胞，產出生活的能量。

我要強調，加工食品不是食物。想要健康，就得習慣吃純天然食物。

最重要的營養素是？

身體最需要也最重要的營養素是什麼？有人說是維生素和礦物質，也有人說是蛋白質。這些固然重要，但在身體用來獲取能量和生存的營養素中，這些順位還是偏低。如果「營養」是指讓身體健康的必要物質，最重要的營養素就非**「氧氣」**莫屬了。

氧氣是你能給身體的最重要營養素。

第二重要的營養素當然是**水**。給自己的身體新鮮空氣和純淨的水，比什麼都重要。

把新鮮空氣和純淨的水當成禮物，送給自己的身體吧！

要明白氧氣和水對健康有多重要，只要想想以下這件事：身體就算失去五成的醣類、脂肪和蛋白質，也不會危及性命，但脫水只要達兩成就會死，缺氧更會在數分鐘內喪命。以前曾有很多人只靠水和氧氣，就結結實實地斷食了好幾個月，而且健康完全沒受到影響。

我不建議進行長期斷食。在沒有適當指導和監督下斷食，更是沒有意義。我舉這例子，只是想表達攝取氧氣和水，對身體來說是絕對必要的。

還有一點，也值得你思考。由於癌細胞是體內唯一不把氧氣當成主燃料的細胞，當細胞處於缺氧的狀態時，很可能會為了存活而突變，轉為癌細胞。這是事實。但只要有足夠的氧氣，癌細胞就無法複製。這作為需要新鮮空氣的動機非常充分。

體內最多的液體不是血液！

以心臟和血液為中心的健康理論不在少數，但體內最多的液體其實並非血液，而是**淋巴液**。淋巴液的量，是血液的兩倍以上！

那麼，如此大量的淋巴液，到底有什麼功用呢？

淋巴液包圍全身體的細胞。血液運來的營養素，會由淋巴液轉送，細胞則透過淋巴液吸收營養。我們和其他生物一樣，細胞會代謝收到的養分，產生的排泄物又會回到淋巴液。也就是說，淋巴液若沒有好好清掃，這些老舊廢物會不斷堆積，就像沒沖水的馬桶一樣。

如果廁所一星期沒沖水，情況會很糟。同樣地，如果排泄物堆積在淋巴液中，營養素會沉澱，停滯在淋巴液中，送不到細胞那裡。細胞會一個個陷入營養不良的困境，還會被老舊廢物毒害。

事實是，癌症患者中有五成以上都是死於細胞級營養不良的極度衰弱。相反地，如果給予細胞充足養分，適時清理老舊廢物，據說細胞就能永遠活下去。這一點是經實驗證實的。注意，是永遠！只要待在健全的環境裡，細胞就絕對不會死。

如果是健康的人，淋巴液會被運回**淋巴腺**，在那裡進行簡單的清除工作，分解有害物質。但問題是，淋巴液不像血液有幫浦在推送。除了活動身體外，沒有讓淋巴液運行的方法。

淨化淋巴液最有效率的辦法，就是**深呼吸**。一

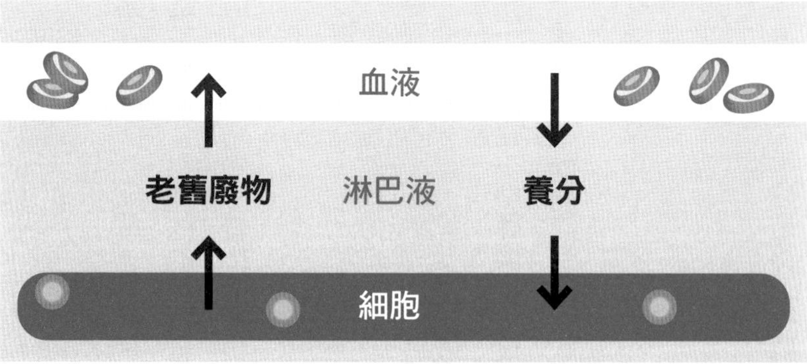

天三次，做五到十分鐘左右的深呼吸，就能完全淨化淋巴液，讓你的能量水準出現巨大的差異。這就是武術和瑜伽會強調深呼吸的理由。

深呼吸的方法很多，其中有一個很簡單，就是用鼻子吸氣，一直吸到肺部完全擴張，接著以吸氣的四倍時間屏住呼吸，讓氧氣充分進入血液，將體內的二氧化碳清除乾淨，最後再用屏住呼吸的一半時間一邊說「哈——」，一邊慢慢把氣呼出來。

請你也在吃飯前重複上述過程幾次，感受它驚人的結果。

飯前做五到十分鐘深呼吸，提供身體必要的空氣！

要把淋巴液徹底清乾淨，還有另一個很不錯的方法，就是在**小型彈跳床**上跳一跳。每當我開始疲憊時，只要在彈跳床上輕輕跳個幾分鐘，馬上就能回到最佳狀態。

想要能量，就要喝水！

你的身體恐怕已經脫水得很嚴重。在身體必須的營養素中，水分是第二重要的，但絕大多數人都沒有攝取足夠水分。

如果不攝取充足水分，會讓大腦萎縮，損害決策力，能量水準降低，血液也會變濃稠，導致靜脈血流不通暢，無法為細胞輸送足夠的養分和氧氣。雖然脫水會造成這麼多問題，但身體真正脫水時，是不會感到口渴的。

要衡量自己需要多少水分，光靠口渴的程度是不夠的。理由很簡單，因為我們的祖先是吃水的！你也應該這麼做才對。

關於祖先的飲食習慣，我們可以想像一下：假如你生活在平原、森林或山上，這些地方最容易找到的食物是什麼？就是水果。水果從樹上摘下來就能吃，不但滋味甜美，外觀、顏色醒目，所以我們的祖先食用很多水果。水果的成分幾乎是水分，含水量超過九成的水果也不在少數。

第二容易找到的食物是蔬菜和草，成分也幾乎是水。當咀嚼水果和蔬菜時，口中就有水分。

再來是堅果和種子類，但要找到飽足一餐的量很困難，含水量也不多。

雖然野外也會長出穀物，但只要你吃過未經烹調的穀物和米，就會知道生穀物的外殼十分堅硬，難以下嚥。

要拿到肉是最難的，因為肉類都得赤手空拳去捕殺。除非是在冬季這種採集不到足夠食物的非常時期，不然絕大多數人應該都是素食者才對。肉類也幾乎不含水分。

乳製品基本上是到農業革命後才出現，這時就只有純鮮乳，起司和冰淇淋等濃縮乳脂並不存在。

以上就是我們祖先沿用數百萬年的飲食方式。

能佐證的證據很多，比如人類的牙齒基本上就是用來咬斷蔬菜，而非撕咬生肉。還有和肉食動物相比，人類的腸子算是相當長，為了適當吸收蔬菜的養分，這種長度是必要的，但並不適合消化肉類。畢竟肉食性動物為了把易腐敗的肉屑盡快排出體外，以免毒害身體，腸子都長得比較短。

由此可知，我們的祖先主要都是吃**含水量高的食物**。他們大量食用水果、蔬菜、草、豆類、堅果和種子，穀物和肉是到非不得已才吃。他們會演化出口渴的感覺，是為了補充從食物裡獲取不足的水分。

然而，現代人的食物又如何？幾乎所有人都在吃漢堡薯條、喝咖啡（會奪取體內水分的一種利尿劑）。這些食物哪有水分、維生素和礦物質，哪有營養？難怪會死於心臟病、癌症和腦中風。

人體內有七成是水。如果想變健康，水分多的食物就必須占全部飲食的七成，這其中包括**新鮮水果**、**蔬菜**、**現打果汁和水**。大部分人的飲食中，富含水分的食物通常不到三成，所以在健康上須付出高昂的代價。

如果想要能量，就得喝水。除了水其餘免談。

咖啡和紅茶不是水，酒精也不是水，這些可能對身體有毒，還會剝奪帶來生命力的水分。由咖啡因引發的健康問題，多到能列成一張很長的表。酒精會破壞肝臟，損害判斷力，是社會上的萬惡根源，是徹頭徹尾的致癌物質，會導致肝臟、心臟、胰臟的病變，也是讓孕婦生出畸形兒或流產的元凶。

碳酸飲料也不是水。我們必須喝更多水，才能中和酸性。牛奶也不是水，它會讓腸道覆上一層黏液，可能妨礙身體吸收重要營養素。乳製品和多數的過敏有關，食用大量乳製品的生活型態，可能是導致動脈硬化、心臟病、腦中風、卵巢癌、乳癌和前列腺癌的原因。

如果想要水分，答案很簡單，就是喝水，吃新鮮的水果和蔬菜，這樣就能輕易獲得追求夢想時需要的能量。

我在研究健康時，找到所有高能量者都會實行的原則。

依身體二十四小時為週期安排飲食！

對身體越有自覺越能讓整天保持最自然的節奏。我們的身體把一天二十四小時分成三個時段在循環活動。

第一個循環是凌晨四點到正午，這個時段的身體專注於排泄。身體會吸收營養，也會排出老舊廢物。為了維持健康，我們必須把廢物排出體外，所以改善自己的**排泄週期**，對健康和能量都是最重要的元素之一。

處理排泄物需要很多能量，如果排泄時能量不足，排泄物會滯留在體內。細胞內的老舊廢物也會堆積在脂肪內。體內的廢物和毒素幾乎都呈酸性，為了避免受到**氧化作用**的不良影響，身體建立起一套機制，會在能量還不夠處理時，先把有毒物質貯存起來，這就是脂肪。身體把這些酸性毒物儲存在脂肪裡，以免毒素在血液和淋巴液中循環。

基於這個理由而形成的脂肪，就算運動也很難消除，畢竟這些脂肪酸性太強，身體無法分解。等排泄循環開始正常運作後，這些脂肪才會分解，讓毒素被有效地處理掉。

「排泄週期」是從凌晨四點到正午。

第二個循環是正午到晚上八點，這時段是**攝取週期**，身體會專心攝取必要的食物和營養。

「攝取週期」是從正午到晚上八點。

最後的循環是晚上八點到隔天凌晨四點，這時段的身體會從當天攝取的食物中吸收營養，加以運用，也就是**吸收週期**。

「吸收週期」是晚上八點到凌晨四點。

食物是這樣被消化的

這些循環週期和正確的飲食方式息息相關。其中關係最密切的，要屬排泄循環時的飲食方式。消化是身體運作中最消耗能量的。事實上，消化過程花費的能量比你運動或工作還要多。身體的能量一旦浪費在消化上，那些能量當然就無法用來排泄，會導致毒素和老舊廢物堆積體內。

由此可知，在排泄循環時極力減少**消化負擔**，就是健康的必要條件。早餐吃很多，是最容易導致疾病和能量消耗的主因。想知道獲取高能量的健康飲食法，就得先了解食物消化的機制。

首先從**水果**開始。對人類來說，水果在吃下肚時，就等於消化完了。經過幾億年的演化，我們已進化到可以直接吸收水果的營養。所以當水果落入胃部後，只需十五到二十分鐘就能到達結腸，開始吸收，而且整個過程幾乎不耗能。

蔬菜和水果有點不同。蔬菜是透過胃部的收縮和擴張磨碎。蔬菜會被胃的蠕動越磨越細，直到結腸能輕易吸取養分為止。這過程大約要花三小時。由於全程只靠胃的運動，和消化液不一定有關。就算你在裝胃酸的杯子裡放入小黃瓜，也不會起任何變化。這一點和我們之後的飲食法有密切關聯。

穀物和馬鈴薯等澱粉類的**碳水化合物**，是以另一種方式消化。這些食物入口後，整個消化過程也要三小時。

至於肉、魚、堅果等**蛋白質**，又另當別論。這些食物到胃部後，是被相當於鹽酸的胃酸消化。必須用這種強酸性的消化液才能分解蛋白質，游離出胺基酸。分解蛋白質通常需要四小時。蛋白質本身無法被結腸吸收，營養價值全在胺基酸裡。

只要了解這些消化的基本原理，就知道要怎麼吃比較好。中午前最好只吃水果，喜歡吃什麼水果都可以。水果應該在空腹時吃，如果和其他食物混著吃，水果就只好一起在胃裡等待消化。就算食物有營養，身體也不一定能吸收。雖然水果富含多種營養，但在胃裡等其他食物消化時，水果就會發酵，可能造成浪費。這也是被推測是體內出現脹氣的原因之一。

上午只吃水果。水果不要和其他食物一起吃。

中午過後的飲食應該以蔬菜為主。蔬菜水分豐富，也含有許多身體必須的營養素。例如吃大量沙拉，喝現打蔬菜汁（罐裝蔬果汁就算號稱百分百原汁，喝了也沒意義），或是以其他喜歡的方式食用蔬菜。除了蔬菜外，還能搭配另一種食物一起享用。

據我所知，如果先吃麵包再吃肉，消化液會變成怎樣？答案是「會互相打架」。因為你把酸鹼混在一起，就會變成中性，讓消化機能停止。這些腐敗的混合物要在胃裡滯留八小時，才會流入腸道。這時的食物不是營養幾乎流失，就是變成無法吸收的形式。而更糟的是，能量還會被搶走，讓你感到疲憊，沒有力氣實現夢想。

解決方法很簡單，就是除了蔬菜外，建議再搭配一種食物。你要吃麵包、米飯、義大利麵或馬鈴薯都可以，生的杏仁或腰果也不錯。此外，如果你實在很想吃肉，也能用喜歡的方式料理魚肉，不然吃蔬菜三明治、蔬菜湯、奶油燉蔬菜、蔬菜咖哩飯也很好。

午餐和晚餐，就用蔬菜搭配另一種食物吃。

如果下午三點時肚子會餓，也可以吃點心。在吃了十分均衡的正餐後，過三小時會餓是很正常的。你可以吃水果或沙拉，偶爾來點零嘴也無妨。這時候就能這麼吃。

如果嘴饞，下午三點吃個點心也無妨。

晚上八點後什麼都不吃是最好的，但萬一嘴饞，可以在睡前一小時吃點水果。如果直接空腹就寢，隔天醒來時會神清氣爽，活力充沛。

如果想吃消夜，就吃水果！

總而言之，如果想讓飲食均衡，整天維持高能量狀態，請記住以下三點：

1. 上午只吃水果。
2. 午餐和晚餐吃蔬菜配另一種食物。
3. 晚上八點後不再進食，萬一嘴饞就吃水果。

這種生活形式會帶來莫大好處。實行這樣的飲食模式後，我六個月就瘦了十六公斤，而且肚子不會很餓，不必刻意減肥，精神變得很好。

試試看吧！一定會有效果！

榨汁機是最重要的小家電

如果想讓飲食更健康，為餐點增加更多美味水果和蔬菜，強烈推薦你購買**榨汁機**。注意，不是果汁機，而是榨汁機。

榨汁機能從水果和蔬菜中，抽出給予生命力的汁液。除去非水溶性纖維，是我所知最美味的營養攝取法。我很愛用榨汁機，還發現了能做出美味蔬果汁的三個秘訣。

秘訣1：柑橘類不能和其他蔬果混合。

其實也有好喝的組合，像橘子加蘋果，只不過難喝的組合很多，建議別混加為妙。想喝柳橙汁就做柳橙汁，想做葡萄柚汁或柳橙葡萄柚汁也無妨，總之就是別加菠菜！

秘訣2：番茄不要和其他蔬果混合。

當然也有好喝的組合，不過純番茄汁就很棒了，要是組合失敗丟掉也可惜。

秘訣3：綠色蔬菜不要過半。

剛開始時這點特別重要。我很喜歡完全綠色的蔬菜汁，但需要時間慢慢適應。一開始先在紅蘿蔔和蘋果中加一點綠色就好，這樣不但美味，也同樣能獲得喝綠色蔬菜汁的好處。沒有比綠色蔬菜汁更有益健康的了。

搭配食物的規則中只有一個例外，就是打成汁的蔬菜等於「消化完成」，不會在胃裡妨礙水果消化，所以在上午和餐前二十分鐘喝杯綜合蔬果汁，對身體非常好。相信你一定會馬上感受到能量的變化。

想做出美味蔬果汁，別把柑橘類或番茄和其他蔬果混合，還有綠色蔬菜不過半。

保健食品也有正確的攝取法

我也會吃用天然食物做成的保健食品維持自己的生活方式。

關鍵是當你吃保健食品時，記得搭配含有相同營養素的天然食物一起食用。在天然的生鮮食品中含有一切酵素，能幫助吸收保健食品中的維他命和礦物質。如果要吃維他命，最好搭配新鮮果汁和蔬菜汁，或是趁吃沙拉時一起服用。

營養就是這麼簡單

關於營養的部分就到這裡。只要參照我說的方式食用蔬菜水果，身體就能均衡攝取所需的水分和養分。這麼做不但可以幫助減重，減輕消化的負擔，還能提供足夠的纖維，支援你的排泄循環。希望你能給予身體適當的營養，因為這一定會為你帶來美好的結果！

KEY 4 在生活中遠離毒素

如果經常毒害自己的身體，想要健康無異是緣木求魚，但每天都在毒害自己的人，實在是多不勝數。他們吸含有三百種毒素的香菸，喝會破壞肝臟的酒精，吃會讓體內呈現酸性、阻礙血液流動、對胰臟和肝臟造成巨大負擔的垃圾食物，喝含有咖啡因的咖啡和紅茶。有點不舒服就馬上吃藥。對自己的身體會吸收什麼、處理什麼一無所知，卻食用大量的肉。

藥物對身體也是毒。世界知名藥廠創始人伊萊·利利曾說：「沒有毒性的藥物，就稱不上藥！」讓人類食用毒物、飲用毒物，似乎已成家常便飯。我們把生產氯和鋁時會形成的氟化物加入飲用水，在蔬菜和水果上噴灑殺蟲劑。為了讓食物能販售久一點，加入防腐劑。

如果想過長壽、強壯又健康的人生，就要讓自己體內的生態系保持純淨，不要產生毒性。

要過得健康，就不能攝取毒素！

應該從生活中排除的七種毒素

想拿回與生俱來的無限能量和健康，你應該立刻從生活中排除以下七種毒素。

1. 香菸。
2. 酒精。
3. 咖啡、紅茶等含咖啡因的飲料。
4. 毒品和藥物。
5. 過多紅肉。
6. 過多鹽分。
7. 加工食品和砂糖。

或許很多人會困惑，肉類到底哪裡不好？因為我們的身體一天能吸收的蛋白質有限。事實上，肉類完全沒有攝取的必要。我好幾年沒吃肉也沒吃魚，依然活力充沛。成為素食者後，我就沒再看過醫生了。

我們的身體需要的是胺基酸。身體製造蛋白質時會用到近三十種胺基酸，其中身體無法自行合成的只有八種。也就是說我們必須從食物攝取的是八種胺基酸。

大猩猩和人類的身體構造幾乎相同，除了胃裡有可以分解纖維素的酵素外，大猩猩一生中會吃幾次肉和魚？答案是零。但你看過蛋白質不足的大猩猩嗎？那麼，牠們的蛋白質是從哪裡攝取？大多是水果和蔬菜。大部分的植物性飲食中，已含有身體必須的八種胺基酸。

一個月就能變健康

你不能對其他人（包括我）說的話照單全收，該下決斷的人是你。希望你能試著過一個月的健康生活，實際感受前後差異。請直接問自己的身體，為了實現夢想必須做什麼事。

開始挑戰吧！在一個月內參考我說的親身嘗試。只要一個月就好，希望你能實踐以下十個項目，再確認自己的能量、自信、外表、整體幸福感，看看出現多大的變化。

三十日健康挑戰

1. 立刻戒菸！
2. 不喝酒。
3. 不喝咖啡和紅茶，只飲用水和新鮮果汁。
4. 不吃肉、魚、乳製品。
5. 不吃加工食品和垃圾食物。
6. 一天做三次深呼吸。
7. 遵守食物搭配原則，水分豐富的食物要占全部的七成。
8. 每週做三次有氧運動，每次超過三十分鐘。
9. 不要吃過飽！
10. 放鬆心情，享受人生。

進行挑戰，親自體驗成果！

在這一章學到的事

我在這一章學到的重點是什麼？

我做出什麼決斷？

我現在能馬上採取什麼行動？

STEP 4

控制自己的情感（情感）

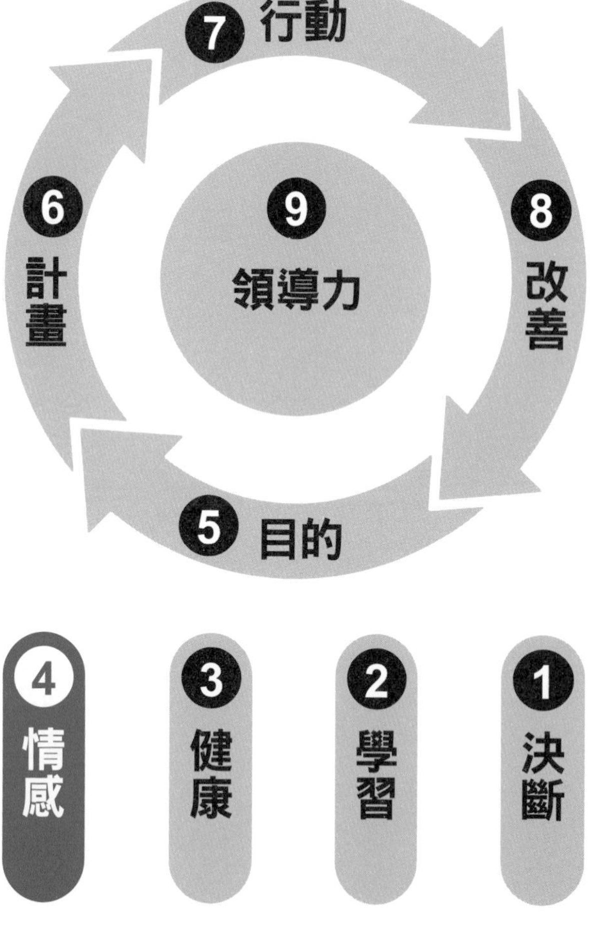

你在人生中追求的事物，全都來自於情感。掌控自身的情感，是一切成功的關鍵。擁有必要的情感，就能得到想要的一切。歡迎來到活出極致人生的過程，也就是情感管理的階段！

善用和駕馭情感，是形成積極動力的最後一步。

你學會做決斷的方法，找出成功者的模式，得到活用模式的方法，過著精力充沛的生活。但即使到這種程度，低潮依然會出現，阻礙你前進。你可能會喪失自信，陷入憂鬱，感到孤獨難耐。這樣的低潮會妨礙你的願景。

從此刻起，你會拿回**情感的主控權**，讓生活完全改變。有太多人每天都會經歷雲霄飛車般的情感起伏，不過你今後就能走下雲霄飛車，搭上代表充實、喜悅、力量和自信等美好情感的平穩電車。

產生行動力的情緒

我在講解「結果的循環」時稍微提過，我們的情感或狀態，會深深影響我們「對事件的解釋」和「實際的行動」。我們會受某種情感束縛，無法行動。但相對地，也有情感會帶給我們極大的自由。情感能左右你的工作品質，以及人際關係的親疏。

你可以在人生裡達成偉大的成就，幾乎所有人都可能做到。但這只是「**可能**」，是否真的「**做到**」則取決於你的狀態。自信、幹勁、玩心、感謝、愛、好奇心和貢獻，都是強大的情感。懷著這些情感生活的人，能實現自己真正的可能性。

但另一方面，如果一直陷在憂鬱、憤怒、沮喪、壓力、自我厭惡的情感中，最後可能就會走上歪路，成為他人的警惕。

你會選擇哪一條路呢？

沒錯，**情感就是選擇**。**這是你的情感，歸你所有，由你選擇**。說得極端點，一個人能實現夢想，就是他不但可以管理自己的狀態，甚至能完全掌控的結果。

情感是讓夢想化為現實的強大道具，自古以來就是如此。

與其被炒魷魚，倒不如全心投入自己的工作！你要當獅子，而不是老鼠。據說人生只有一次，既然難得生而為人，何不乾脆努力活著？收入不一定會增加，但樂趣一定會加倍。就某種意義來說，情感就像一陣風。不管吹的是什麼風，老練的船員都能當成行動的動力，加以運用。

憤怒可以成為強大的**動機**。當你到達極限，吶喊「這樣下去不行！」時，憤怒會推動你，成為一股讓你說出「我現在就能改變人生！」的力量。但同時，憤怒也可能引發**麻痺狀態**。有很多人會因為憤怒陷在目前的狀態中，讓人際問題得不到解決。這樣一來，憤怒就成為引發麻痺，而非促成行動的情感。

重要的是，**你要成為老練的船員。無論經歷哪種情感，你都能加以活用，成為行動力來源**。我的好友和心愛的男友分手後就一直鬱鬱寡歡。我建議她接受這些情感，好好運用。她就把這份憂鬱化為創造力的來源，將自己被拋棄的經驗寫成動人的歌曲。

活用情感，當成實現夢想的原動力！

巧克力餅乾的教訓，情感的配方

活用每時每刻的情感，當成行動力的來源，是很重要的。但如果這個情感讓你麻痺，陷入無法行動的狀態，就得改用其他方式。每個人都有發揮不了自己真正實力的經驗。明明能做得更好，卻總是不如預期，這是狀態問題。

當自己的狀態很好時，你可以將自己的一切知識、技能和能力，都發揮到最大極限——不，有時甚至能超越實力。但要是狀態不好，就無法發揮能力。遇到這種情況時，我們一定要懂得如何將自己的狀態和情感，轉換至積極的方向。

有次我受人之託指導一位努力想成為職業講師的青年。他很聰明，擁有豐富知識，個性隨和，討人喜歡。但他只要站在聽眾面前，腦袋就會一片空白。他絕非「笨蛋」，但只要上台，就會陷入「笨蛋的狀態」。

後來我把情感的狀態轉換策略告訴他，結果他成為受人尊敬的講師，而且隔年就賺到超過一億日圓的演講費！只要能控制情感，就能得到夢想的人生。

其實，控制情感和**做巧克力餅乾**非常類似。兩者都有**配方**，想製造特定的情感，就需要特定的材料。如果你明明想做巧克力餅乾，卻變成烤泥巴的味道，就代表你必須改變使用的材料。即使只是稍微調整材料，味道也會產生很大的變化。

我在講座上總有一句口頭禪：**「不知道答案時，答案就是VAK（視覺、聽覺、觸覺）！」**人類會產生的結果，全都來自五感。而五感中最重要的，是視覺（V）、聽覺（A）和觸覺（K）。在人生各方面產生的結果，都取決於使用VAK的方式，情感也不例外。

不知道答案時，答案就是VAK！

製造情感的材料是什麼？

如果巧克力餅乾的材料是麵粉、奶油、砂糖、蛋、泡打粉、巧克力碎片，情感的材料就是焦點（V）、言語（A）、以及運用身體的方式（K）。雖然在本章是以相反的順序說明，但其實無所謂。只要把其中某個要素稍作改變，就能瞬間變成其他情感，能讀取的知識和能力也會出現很大的變化。

情感的材料是焦點（V）、言語（A）和運用身體的方式（K）。

情感來自於動作

情感的英文是Emotion，而Emotion的語源是Motion。沒錯，Motion就是動作。換句話說，動作就是一切情感的根源。你感覺到的情緒，全是透過身體來感受。

你有看過處於憂鬱狀態的人吧。那些人看起來如何？這問題本身就意味著，情感會先透過身體呈現出來。那些人應該都是垂肩、低頭、駝背、呼吸淺，就如同「垂頭喪氣」的字面意思，所以我們才有這種感覺。當我們垂肩、低頭、駝背時，呼吸受阻，氧氣不足，難怪不舒服！

所以下次別再「垂頭喪氣」，改用小跳步走路看看。在講座上，我有好幾次把「憂鬱的人」叫上台，向對方下戰帖：「你用小跳步走走看，如果還是感到憂鬱，我就給你十萬日圓。」直到現在，我還沒付過一毛錢。因為小跳步這動作和憂鬱的情感完全牴觸，碰在一起不會發揮作用，因為配方是錯的。

模仿也非常有用。一旦學會精力充沛的人如何運用身體，他擁有的一切情感狀態，就能瞬間成為你的東西。姿勢、肌肉鬆緊、呼吸方式、動作、動作的快慢，都會改變配方。配方一變，就能體會新的情感狀態。

人生過得很無趣的人，是因為運用身體的方式也很無趣。嘗試新動作，就有新人生。現在試著動一動身體。做什麼動作，才能感覺到力量和自信？當你感受到強大的力量和行動力時，你是怎麼站立，用什麼姿勢，做什麼動作？動作是快是慢？怎麼呼吸？臉上是什麼表情？希望你能實際嘗試。光用頭腦思考，無法理解這概念蘊含的無窮力量，你必須透過身體力行才能體會。

讓我充滿力量的身體運用法，有以下的特徵……

再來，設法讓自己放鬆。要怎麼改變運用身體的方式呢？表情、呼吸、動作的節奏會有什麼變化呢？你是站著，坐著，還是躺著？你要實際試試看，直到心情變得輕鬆為止。

讓我感到放鬆的身體運用法，有以下的特徵……

不論是哪種情感，都和特定的動作有關。這是個單純卻強大的概念！可能有人對這種觀念充滿抗拒：「別講得那麼簡單！我想沉浸在低落的情感中。我喜歡保持憂鬱，別管我。為什麼要從我身上奪走那些情感？」

這麼簡單真是抱歉！但沒辦法，情感的機制就是這樣。只要動作改變，情感也會變。而你的每個動作都在你的掌控中，既然那是你的身體，何不用你的身體來轉換心情看看？

要改變情感，就要改變動作！

你在用什麼毒品？

體內產生的**生物化學反應**，也會影響我們的情感。所以會有報告指出定期運動的最大好處是在情感方面，其實一點也不奇怪。因為定期做運動，會改變體內所有的生物化學反應。食物也有相同的作用。

很多人把食物當成**毒品**濫用。因為知道飲食能改變自己的狀態，所以每當陷入低潮時，他們就會撲向垃圾食品的懷抱。這也是為什麼許多人和戀人分手後，會一股腦地狂吃巧克力了。

酒精和香菸也是許多人濫用以改變狀態的毒品。也有人把電視和電玩當成毒品。漫畫和無聊的小說也能當毒品。還有人是以色情片等娛樂，來改變自己的狀態。如果沉迷的那些事物無法幫助你實現夢想，它們全是毒品。

像這樣依賴毒品，會讓你在一天結束時喪失自尊心。為了改變這個狀態，你必須把目光朝向其他毒品。

有一次，某位在我的講座當志工的年輕女性，向我坦承她正為了暴食症所苦。對她來說，暴飲暴食簡直成了一種儀式。每當她回到家，第一件事就是開始想：「好想吃點東西喔……」她會先換衣服做準備，然後走到廚房，確認冰箱的內容物，把裡面整理乾淨，接著就端坐在冰箱前，把裡面的食物全吃光。

她用這個儀式逃離生活的痛苦。換句話說，這是她的毒品。而她最大的痛苦，就是無法喜歡自己。可以說幾乎所有罹患飲食障礙的人，都面臨同樣的困境。

後來，我開始設法讓她再次喜歡自己。

我也希望你喜歡自己，珍惜自己。你是上天賜予的光明之子，現在的你是祖先走完人生的唯一證明，你身上藏著無限的可能性。你是我重要的朋友，社會上也有許多人需要你，只是你還沒察覺到。人類是美好的！你也是美好的！快放棄那些毒品吧！

改變情感很簡單，只要改變身體的動作，透過健康飲食改變體內的生化反應就好。

放下毒品！用力活動身體，別忘了喝水！

言語是情感的擴大器

我們的情感大多由言語引發。你有聽過像「我快累死了」「我餓到能吃下一頭牛」之類的話嗎？言語本身就能增強疲勞感和空腹感。

言語是引發情感的強力誘因。聽到言語，就會觸發我們心中的反應，操控我們的焦點，影響我們運用身體的方式。人類會渴望維持一貫性，所以當情感和言語不一致時，你會下意識地開始調整情感去配合言語。

言語是狀態的誘因。

假設有人問：「你還好嗎？」你回答「還可以」和「心情超好」的情緒，肯定截然不同。

每當有人問：「你還好嗎？」如果你都回答：「棒呆了。活著本身就是喜悅！」感覺會怎樣呢？至少我敢保證，你的心情會和總是說「還可以」的人天差地別。

言語具有**情感擴大器**的作用，能瞬間增強或弱化我們的情感力道。

言語是情感的擴大器。

重要的是，我們要選擇的言語，必須能強化對自己有正面幫助的情感，或是能緩和讓我們無法行動的情緒。

幾個月前，我在東京的八王子準備講座。我搭起舞台，吊起燈光，設置控制音響和電腦的系統。由於繪畫也是我的興趣之一，順手在舞台背景用的帆布上畫些花紋。後來我想吊起帆布，就在帆布上端打洞穿繩，不料卻一時閃神把手指戳出一個洞。你應該能想像我當時說了什麼吧！

就在此時，有個工作人員跑來我身旁說：「這應該會癢上一陣子吧。」

「癢？誰說癢了！」這句話中斷了我的模式。想成「有點癢」會比想成「有夠痛」要輕鬆許多。而且神奇的是，後來疼痛很快消退，我又可以繼續工作了。

到頭來，肉體的疼痛也不過是一種情緒，一切都是腦中的現象。想一想，疼痛並不是用手感覺的。如果脊髓斷了，即使手上整天開個洞還是渾然不覺。這只是來自手部神經的訊號傳送到大腦，分析訊號的也是大腦。所以描述經驗的言語，本身就成了經驗。

說明經驗的言語，會成為經驗！

最近我有個朋友和戀人分手。剛開始她還能保持冷靜，但漸漸地，她開始用激烈言語訴說滿腹委屈。她越說越沮喪，不到十分鐘就一心想死了。

她說：「我不行了。我的人生完蛋了。對他來說，我只是公廁。」

這是多麼強烈的措辭！使用偏激的言語就會感受偏激的情感。如果這種情緒對自己有正面影響，那有多好……雖然她是用激烈言語表達負面經驗，但美好的經驗也能用強烈措辭來形容。如果用單調的言語，每天都會很單調，但只要改成快樂的言語，就能度過快樂的每一天。

在我事務所工作的一個年輕人，總愛把「熱爆了！」「真的假的！」「好猛喔！」之類的話語掛嘴邊。很多人為了炒熱氣氛，刻意使用流行語。你也可以開始蒐集讓自己擁有好心情的話語。像是聽到「做得好！」「太棒了！」「心動了！」「好正喔！」之類的話時，你會有什麼心情呢？

讓自己保持好心情的話語是……

我想表達的很簡單，就是選擇帶給自己正面影響的話，讓我們使用恰當的言語，來激發自己想要的情感吧！

使用恰當的言語，激發想要的情感！

有力量的文章從名詞和動詞開始

剛出社會時，我當過幾年的廣告文案寫手。我的工作就是寫出能引發別人情感的語句，因為情感是人類採取行動的理由。業界都知道，只要能引發消費者的情感，商品就賣得出去。既然是文案寫手，我當然會寫文章，為了提升寫作能力，我也曾付出相當多的時間和心力。

有一本教寫作的書提出「有力量的文章是由**名詞**和**動詞**所構成」。形容詞是當你找不到足以表達真正意圖的名詞和動詞，或懶得費心思調查事實時才使用的。

請想想那些歷史上激勵眾人展開行動的強烈話語。

「我有一個夢想。」

「去追趕，去超越。」

「別問國家能為你做什麼，要問你能為國家做什麼。」

「如果我們不合作，就會被一個個絞死。」

「不自由，毋寧死。」

這些全是由名詞和動詞組成，一個形容詞也沒有。

如果要用形容詞，最好直接了當：

「這是英國最好的時候。」

「穿越國境的漫長隧道，就來到雪國。」

想讓眾人展開行動，就要用名詞和動詞。

譬喻表現的力量：人生是一場盛宴

我在第二步驟時也稍微提過，**譬喻表現**能對我們的心情造成莫大的影響。當形容「○○像△△一樣」時，就是使用譬喻。歷史上有許多令人印象深刻的領袖，都曾使用譬喻來扭轉大眾的情感和狀態。

莎士比亞說：「世界是座舞台。」他用了譬喻。

美國總統甘迺迪說：「火炬已傳給新一代的美國人。」他用了譬喻。

耶穌基督說：「來，跟隨我！我要使你們成為漁人的漁夫。」他也用了譬喻。

希特勒稱自己的人生為「我的奮鬥」。把人生形容成奮鬥，也是譬喻。

譬喻會對情感造成很大的影響。這裡有個關鍵，就是要選擇支持自己的譬喻。

假設你說了以下的話：

「我走投無路，處處碰壁，人生是一場漫長的試煉。學校宛如監牢，家庭猶如戰場，孩子有如怪物。我的職場是地獄，戀愛充滿陷阱，我的人生是一場嚴重的事故。上司是惡魔，這個最後期限簡直是謀殺，就像一把匕首抵在咽喉上。這頓飯跟狗食沒兩樣。」

像這樣的譬喻表現，會引發或強化消極的情緒，但這種情緒完全無法把你的人生導向成功。如果把這些譬喻改成以下這樣，你覺得如何呢？

「我發現新的地平線，我跨越了高牆，人生是一場盛宴。學校是學習的遊樂場，我的家庭是一連串幸福的實驗，孩子是天使。職場是人間天堂，戀愛是心靈的度假勝地，人生是上天的餽贈。上司就像一盒巧克力，不知道會出現什麼口味。這個截止期限就和運動教練一樣，為我帶來很棒的挑戰。」

我相信，你一定會產生截然不同的情感。

想出對自己有正面幫助的譬喻吧！

你也可以不改變譬喻本身，而是反過來利用它，為自己和別人的人生帶來重大的變化。如果你正在「碰壁」，可以「在牆上找到門穿過去」，或是「架梯子跨過去」也不錯。

正面的言語，負面的言語

有個關於合氣道的有趣實驗，正好能證明言語的力量有多大。

一個人往前伸直手臂，另一個人用兩手弄彎那條手臂。如果雙方體格相當，要弄彎很容易，因為兩隻手的力量當然比一隻手強。再來重複實驗。這次第一個人伸手時，會用毅然的語氣說出肯定的「是」。這時另一個人不管再怎麼用力，都無法把手臂弄彎。接著重複第三次。這次第一個人一邊伸手，一邊說出否定的「不」，結果手臂就被輕易彎曲了。你也可以和朋友簡單試一下。

我在講座的講台上，做過很多次這個實驗。不管那個人多瘦小孱弱，只要使用肯定的言語，就不會讓自己的手臂變彎曲。想一想，光是隻字片語，就能讓我們的肉體能力一下倍增，一下減半，這力量實在太驚人了。

如果想為自己的生活帶來巨大的變革，你可以接受一個簡單的挑戰，就是在三十天內，試著把所有否定句逐出自己的對話，看看會發生什麼事。這是能幫你改變人生的挑戰。

我並非鼓勵你變得不切實際或盲目樂觀，只希望你明白兩件事：一是自己的情感和狀態能為人生指引方向，二是言語會對我們和別人的情感帶來莫大的影響。改變自己的言語，就能改變自己的人生。

選擇使用肯定句！

讓你成功的魔法言語，就是咒語

言語的影響力非常巨大。聖經上說：「太初有道，道與上帝同在，道就是上帝。萬物都是藉著他造的，沒有一樣不是藉著他造的。」這裡的道，就是英文的word（字詞）。而在日文中，也是自古以來就有「**言靈**（言語中有靈魂）」一詞，由此可見言語的威力。

此外，如果是長期學科學的人，應該也會學到要控制現象的第一步，就是為該現象**命名**。總之，不論從哪方面看，言語都擁有難以估計的威力和影響力。

在指導企業的企業家時，我會問他們以下的問題：「你覺得光靠言語，可以在一週內完全破壞你的公司嗎？」在思索片刻後，幾乎所有人都會回答：「應該可以。」

試想一下，如果老闆從早到晚都對遇到的人說負面的話，情況會如何呢？「我們公司已經沒救了。快滾出去！你這個人一無是處。我們公司一定會破產。」會有什麼結果，應該很明顯吧。光靠言語的力量，就能在短短幾天內搞垮公司。

再來我會問他們：「如果光靠否定句就能搞垮公司，那用肯定句又會如何呢？你們覺得只靠肯定句，可以從根本上改革公司業績和組織文化嗎？」我先聲明，在我指導過的企業中，就有一位老闆試過這個原則，還被成果嚇到腿軟。

言語也是為我們編寫潛意識的強力道具。**只要帶著情感，不斷對自己重複某些話，到後來你就會開始相信，潛意識也會開始運作**，在每天的生活中尋找讓自己的信念實現的方法。

一遍又一遍地講給自己聽的話稱為「Incantation」，也就是咒語，具有魔力。但問題是，咒語可以是Incantation（我可以），也可以是Incan'tation（我不行）。你平常對自己說的是**「我可以！」**，還是**「我不行！」**呢？

所謂的咒語，就是反覆說給自己聽的話。

我在學生時期，曾有機會學習航空技術。我們對照航空學，發現蜜蜂的翅膀就飛行來說，其實面積不夠大。不管重算幾次，結果都一樣，不管拍動得再怎麼快，這種翅膀都不可能飛起來。但問題是，沒有人把這事實告訴蜜蜂！

咒語是**自我成就的預言**。你要仔細聆聽自己習慣說的話。你平常在心中說給自己聽的，都是什麼樣的咒語？周圍的人都在重複說著哪些咒語？職場同事又怎麼說？你常聽到的是「那件事我辦不到」「我哪知道？又不是我的責任」，還是「太棒了，我一定要做做看！」「我來解決你的問題吧！」

我目前使用的幾個咒語是……

每天的力量儀式

在這裡我想告訴你，你可以刻意選擇更充滿力量，能幫助你邁向成功的咒語。當初要寫書時，為了讓自己的動機更強，我想出了這句咒語：**「我是作家，能毫不費力地寫出充滿智慧的文章，如魔法一般影響全世界。」**

在這句話一字不漏地化為現實前，我都會一遍又一遍地反覆說給自己聽。

體育界有句老話：「在真正會以前，要假裝自己已經會了！」我想換個說法：「在真正會以前，要一直不斷地說！」不用我說，你也應該知道，咒語最好是能引發情感的肯定句。而且，如果聽起來就像你已經達到理想狀態，效果會更好。

足以改變人生的最強咒語是**「我是〇〇」**，最能展現你的特質。

我們大多會按照**自我形象**來行動。如果把自己看成「讓世界更美好的強大領袖」，你就會採取這樣的行動。如果把自己視為「凡人」，你的行動就僅止於這種水準。如果把自己當成「被社會迫害的窮人」，你的生活就會出現一樣的結果。

如果希望改善自己的生活，你能盡到的最大努力，就是想出為自己帶來新「特質」的「咒語」，並且每天不斷複誦。你可以找個能讓你充滿情感地說出咒語的地方。我每天早上都一面慢跑，一面進行。希望你也能找到屬於自己的時間和地點。每天進行**力量儀式**，對人生的影響超乎想像，無論再怎麼強調都不為過。

我在這裡順便介紹我的每日咒語，僅供參考。強烈建議你想出更好更適合你的咒語。希望你能找到和你的情感完全吻合並產生共鳴的話語。

「我很健康，我充滿力量。每分每秒，能量和活力都從我全身的細胞爆發出來！」

「我領導公司，也受到引導。我的公司在各方面都有成長、擴張和改善！」

「無限的財富、健康、幸福和愛，現在都朝我奔流而來！」

「我是發明者，無限的創造力在我的人生中川流不息。地球上所有的經濟交易，都要支付一部分的權利金給我！」

「我是領導者。在上天指引下，將祝福給予我遇到的所有人，為他們的人生做出貢獻！」

今天，我要你寫下幾句新咒語，開始邁向新的人生。只要放入情感，不斷複誦，這些單純的言語終將寫入最深層的潛意識中，成為你的一部分。然後，你全身的細胞也會團結起來，努力讓**外在世界**（你的生活）去貼合你的**內心世界**（以咒語形式呈現的文句）。

我的新咒語是……

把自己的焦點投射在何處？

焦點是你最重要的能量。把這股能量投射在何處，決定你最終會過什麼樣的人生。

如果把焦點放在掌握電視劇的所有角色，你就會成為這方面的專家。雖然跟實現夢想可能完全無關，但至少能得到這種成果。

如果把焦點放在學習外文上，你就能用這種語言進行溝通。

如果把焦點放在增進健康上，你就能找到促進健康的方法。

把焦點放在問題上，問題就會更多。

把焦點放在機會上，就會發現機會。

現代經營學之父彼得．杜拉克說：「**優秀的企業家會餓死問題，餵食機會。**」

把焦點放在哪些事物上，那些事物就會實現。若想得到幸福，我們必須做的只有一件事，就是改變想法，改變自己的焦點。

有個跟和尚有關，充滿禪機的故事。某一天，和尚走在回家的路上。快到村子時，他突然遭到猛虎襲擊，只好拚命逃跑。後來他回頭一看，發現追來的猛虎竟然不只一隻，而是三隻。老虎將和尚追出村外，把他逼到懸崖邊。眼看無處可退，和尚決定與其被老虎吃掉，不如直接跳下山崖。

但令人驚訝的是，掉下來的他剛好被一根藤蔓攔住。和尚死命地抓住藤蔓，卻發現山崖下又有三隻猛虎埋伏。當他正想著「真是完全的苦境」時，又有隻老鼠出現在他的手剛好搆不到的上方，開始啃咬藤蔓。

和尚環顧四周，看到崖壁上長著野生草莓，而且在伸手可以勉強碰到的位置。這時藤蔓剛好斷掉。就在要掉進虎群裡的前一刻，和尚伸手摘下草莓，放進自己的嘴裡。故事就在這裡嘎然而止！

第一次說這個故事給我聽的人，是在全世界進行過火之旅的托利．貝肯老師。托利解釋，這是關於焦點的故事。和尚把焦點放在草莓上，就感覺不到要被老虎吃掉。因為他把注意力轉移了。

這和我們的日常生活息息相關。每個人的生活中都有猛虎，也就是平時發生的各種不愉快。可悲的是，當我們把焦點過度集中在不愉快上，往往就會忽略野生的草莓（同時發生的各種好事）。注意力集中在哪方面，就是問題所在。

想找不幸的事，就能找到。相反地，如果想找好事，也一定能找到。我們是完全自由的，但要大眾了解這一點卻很難！

一個提問就能改變人生

引導焦點的最強方式，就是向自己和別人提問。我們可以用提問找出答案和解決方法，或是得到新觀念。最重要的是，我們能用提問引導我們的焦點。

如果我問：「你喜歡什麼狗？」你會有什麼反應？應該會開始思考關於狗的事吧。在我問之前，你可能壓根沒想到狗，不過你現在開始想了。我只靠一個提問，就瞬間改變你的焦點。

我們整天都會在腦中自問自答。現在你的腦中，應該會問以下的問題吧。

「詹姆斯究竟想在這裡表達什麼……」

「真的是這樣嗎……」

「這個概念能活用在什麼地方？」

「這和我的事業有什麼關係……」

「真的有這麼簡單嗎？」

問題是，大多數人都不會刻意挑選自己的提問。

早上醒來時，你第一個問自己的問題是什麼？

「已經七點了？」

「真的得起床嗎？」

「今天有什麼非做不可的事嗎……」

「已經星期一了？真的假的？」

「今天經理會不會又要我做什麼無聊的工作……」

這些問題能產生你真正想要的焦點嗎？

在工作上遇到問題時，你會怎麼提問呢？

「為什麼這種事老是發生在我身上……」

「這是誰的責任……」

「有沒有人能幫忙做這件事……」

「都已經這麼忙了，為什麼還是一再發生這種事？」

「為什麼我們公司的員工老是犯錯？」

「要怎麼做才能保住自己，避開這個問題的責任呢？」

現在，該是你刻意挑選更有效的問題，並開始習慣這麼做的時候了。

在這裡，我要把兩份問題清單送給你。

第一份清單是「**醒來的提問**」。提供你每天早上醒來時用的。你可以貼在洗手台的鏡子上，每天早上預留一段時間用這些問題自問自答。雖然只是一個單純的習慣，卻能為你的生活帶來名副其實的巨大變革，因為你改變焦點的力量就在這裡。

第二份清單是「**解決問題的提問**」。這張可以用在工作上。不管遇到什麼狀況，都能在短時間內解決問題，讓工作表現更升級。

最優秀的顧問並非擁有更好的答案，而是能提出更好的問題。

醒來的提問

1. 現在，我要感謝什麼？
2. 現在，我的人生哪裡美好？
3. 現在，為什麼做我自己很好？
4. 有誰愛著我，重視我？
5. 我所愛，所重視的人有誰？
6. 今天我要幫助誰？為對方做什麼？
7. 今天我要做什麼，讓自己的人生變得更好？
8. 如果今天最重要的事只有一件，那會是什麼？
9. 如果想用異想天開的方式享受那件事，我會怎麼做？
10. 如果知道一定會成功，我會挑戰什麼？
11. 今天我要做什麼，讓自己保持最佳狀態？
12. 今天我要送給自己和別人什麼禮物？創造什麼回憶？

解決工作問題的提問

1. 如何才能讓顧客開心？
2. 如何和客戶建立新關係，而不是拿到訂單就結束？
3. 這個狀況有什麼好處？要怎麼活用那個好處？
4. 如何才能從這個狀況中找到樂趣？
5. 要在商品中加入什麼特色和服務，才能讓競爭對手嫉妒到發狂？
6. 我們怎麼做，才能自豪地把這件事告訴孩子？我們想在這件事留下什麼貢獻？
7. 如何讓這個流程更精簡？
8. 如何把這件事系統化，穩定產出同樣高品質的成果？
9. 如何提供更高的價值？
10. 如何串聯更多資源，擴大行動的規模？
11. 如何進一步改善這個？
12. 如何讓每個參與者有共好的感覺？

這些都是非常有力又有用的問題，只要養成提問的習慣，一定會對你有很大的幫助。不過更重要的是，你要自己想出有效的問題，再透過這些問題，把自己的焦點轉到正面的方向。

你以前都對自己提出什麼問題？如果要你想出更好的問題，你會想出什麼呢？

我常問自己的消極問題是……

我想出更有建設性的新問題是……

善用情感，改變人生

情感就是人生。你想要的一切，說到底都是情感。每種情感都能成為力量的來源，你可以善用情感的力量。但如果你的情感無法成為力量的來源，最好把這種情感轉換成其他情感。

要改變情感很簡單。你可以改變運用身體的方式（K），改變言語（A），使用更正面的語句或譬喻。你也可以用新的問題改變焦點（V）。這些做法都很簡單，效果卻很強大。而且對你的人生來說，就是這麼重要。

就讓我們一邊體驗自己期望的情感，一邊走過人生！

在這一章學到的事

我在這一章學到的重點是什麼？

我做出什麼決斷？

我現在要馬上採取什麼行動？

第三部

成功的循環

The Success Cycle

STEP 5

確定想要的結果（目的）

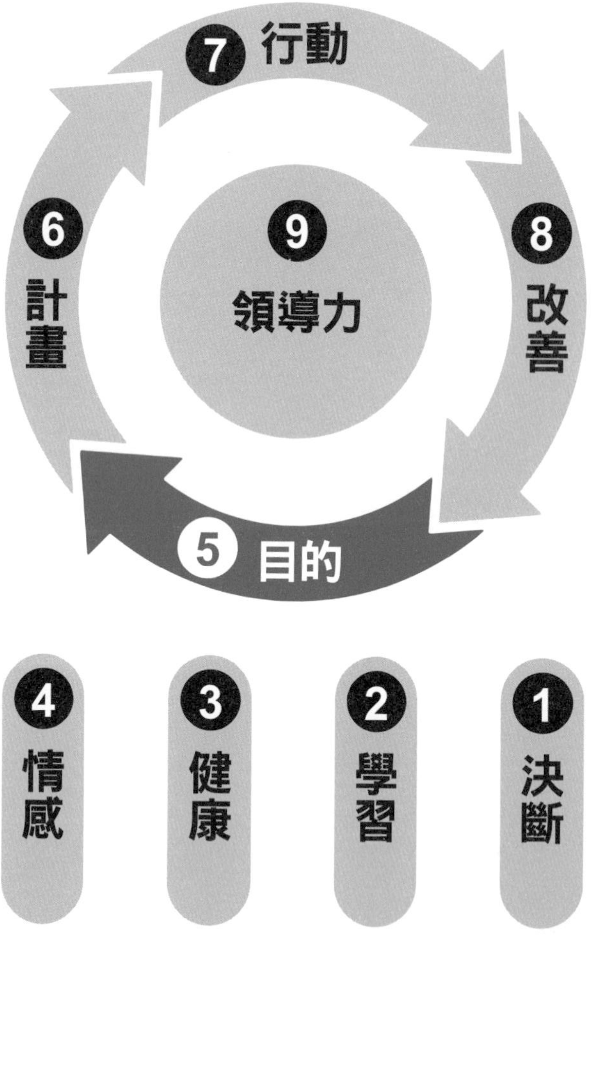

明確是一種力量。追求的目標一旦明確，就是邁向實現的第一步。舊約聖經說：「沒有願景，民就滅亡（Where there is no vision, the people perish.）」。「沒有願景就會滅亡」，可以說是最貼近現實的話了。不過書上忘了寫「擁有願景，民就繁榮」。現在，是時候去釐清願景，了解自身的夢想了。

試著讓「成功的循環」轉動起來！

透過前面的章節，你建立起個人能力的基礎，獲得決斷的能力，也學會如何用超乎以往想像的速度學習，了解如何增進身體健康，激發無限能量，以及不論處於何種狀況，都能運用和掌控自己的情感，採取強力行動的方法。

你有力量，可以展開行動，獲得結果。無論面對的環境有多險惡，你都能發揮個人能力，扭轉劣境。無論發生什麼事，都能朝有利於自己的方向解釋。你能維持健康，朝氣蓬勃地度過每一天。你擁有實踐的能力。總而言之，你已經打好能過極致人生的基礎。

到這裡，你需要能實際實踐這一切的流程。所以，快趁現在確定你的夢想。趁現在學習如何管理時間，讓自己從一開始就能決心做重要的事，而不是一拖再拖。趁現在果斷地開始行動。趁現在學會如何改善自己的做法。

流程是冠軍的三餐。你現在就是要轉動**「成功的循環」**。接下來的每一天，當你要發揮個人能力時，都必須用到這個工具。

那麼，我們就來學習如何確定自己想要的結果吧。

明確有一種力量

明確是有力量的。只要追求的目標明確，要展開行動就很簡單。到時你的人生轉變之快，會讓所有人感到震撼。

我們無法掌控每件事，但至少能做到不會白費。不管發生什麼事，你都會思考什麼行動能讓你趨近夢想並採取那個行動。而且，你還能對這段過程樂在其中。

明確知道自己想要什麼！

追求理想人生的勇氣

東尼．羅賓曾分享在波士頓的一次經驗。某天晚上，他上完課已經很晚，就在融合新舊建築的城區漫步。當他走到廣場時，有個貌似流浪漢的男人對他說：「嘿，這位大爺……可以賞我一個二十五美分的硬幣嗎？」

相信很多人遇過這種場景吧。當時東尼思考了一下，雖然不認同這男人的生活方式，但他終究是個心胸寬大的人，不想看對方承受不必要的苦。後來他想，他能為這男人做的，就是透過教導改變對方的生活方式。

東尼拿出錢包，掏出幾張百元美鈔，開始數錢，數到一半時，忽然停下動作，看著男人說：「啊，你剛才是說二十五美分吧？」他把鈔票摺好放回口袋，改拿一枚二十五美分的硬幣給那男人：「人生會回應你的要求。」這句話令我深思不已。

「人生會回應你的要求。」如果追求的目標太少或不夠明確，往往會讓自己變得廉價。

人生會回應你的要求！

我的堂妹克莉絲汀娜就是這個原則的高手。她未滿十五歲時曾和父親一起去舊金山，父女搭乘路面電車，到處逛街，還造訪「漁人碼頭」。他們剛走進當地的一家店裡，克莉絲汀娜就馬上發現一組非常迷人的室內鞦韆，她抬頭仰望父親，用天真無邪的表情說：「我要得到這個。」

那座鞦韆十分昂貴，憑她父親當教師的薪水根本買不起。後來父女兩人就離開了這間店，繼續享受那趟旅程。一年後，當這對父女又重遊舊金山時，克莉絲汀娜對她父親說：「等等我要去買鞦韆！」

「妳這句話是什麼意思？」

「你還記得我們去年看到的鞦韆嗎？」克莉絲汀娜說完，從她的口袋裡掏出那個價錢的全額。原來她為此存錢存了一整年。她知道自己想要什麼，目標意識非常明確，所以實現了。後來那組鞦韆掛在她房裡很多年，那是她為自己實現夢想而自豪的象徵。

知道自己想要的事物，然後實現！

只要明確，就能實現

我長年針對這個原則進行學習，發現追求的目標越明確，實現的可能性越高，感覺就像神在說：「凡說出你想要的，我皆會欣然給予。」不過，如果你不確定自己想要什麼，不管是天神、大自然、潛意識、好友、家人，都不可能給你想要的吧。

我多年來一直想雇個幫傭。畢竟打掃房間對我來說，是既痛苦又毫無滿足感的工作，所以我的房間經常一團亂。我不知道你在不在乎，我是只要房間一亂，工作進度就會落後，導致我效率變差，無法充分發揮自己的實力。雖然想要幫傭想了很多年，但我一直找不到人。後來我想自己一定是打破了某個原則。因為我相信如果想要的東西沒得到，就代表一定有原則被打破了。

在思考這件事時，我領悟到自己並沒有真正確定自身的需求。我明明想要幫傭，卻從沒想過要什麼樣的幫傭，要幫傭做哪些事，以及對幫傭有什麼期待。當時，我正好在講座上教這個原則，於是我就拿出紙筆，和講座的學員一起釐清自己想要的結果。

「幫傭。兩週一次。清潔窗戶、廚房、浴室，把房間用吸塵器吸一遍，收拾乾淨，再把累積的髒衣服清洗、晒乾。」沒想到才寫完兩分鐘，就有學員走到我身旁問：「我的幫傭說她想做更多工作。你知道有誰在找幫傭嗎？」

如果想要的東西得不到，就讓目標更明確！

在行動前，就要先知道結果！

不必把事情想得太複雜，只要目標夠明確，想要的結果夠清楚就好。一定要知道你追求的最終結果是什麼。你想從這個狀況，這份契約，這段人際關係中得到什麼？現在有什麼目標是你希望達成，但尚未達成的嗎？你該想的不是追求目標時要採取的行動，要使用的手段，也不是任務排程，而是結果。

許多人看到執行項目和結果有差異，就陷入混亂。拜訪十個客戶是執行項目，拿到一億日圓的新訂單則是結果。你要拜訪十個客戶還是一個客戶，其實無所謂，就算不拜訪任何客戶也沒關係。為得到結果而採取的行動並不重要，重要的是行動的結果和成果。

說得再淺顯一點，就算你坐在桌前什麼都不做，只要能拿到一億日圓的訂單，我身為上司一樣會開心，畢竟你有交出成果。雖然不知道你是怎麼辦到的，至少你做的事最後得到了成效。大部分的人都是計畫行動，而非結果。他們在人生路上走得很有壓力，即使整天行動也毫無充實感。這是因為他們沒有成功的量尺。

不是行動，而是結果！

想實現夢想，就必須讓結果的明確度遠勝以往。你必須在心中、在腦中，去看到、聽到、感受到那個成果，把成果想像得越鮮明越好，直到你已經分不清那是未來的願景，還是過去的記憶！我們的心靈令人驚嘆。**大腦其實無法區分「鮮明的想像」和「實際的經歷」**。只要你清楚自己想要什麼，潛意識就會自動運作，開始實現你的目標，讓外面的世界和內在的、心靈的世界能互相吻合。

你一定會說：「不可能那麼簡單。如果真是如此，每個人都應該成功才對。」你可以試試看。正因為這麼單純，所以成功的人才會寥寥無幾。你可以問問身邊的人，有幾個人會把想達成的結果寫在紙上，定期重看呢？根據我以往的調查，每次結果都一樣，**不到百分之一**。但這百分之一的人擁有幾乎整個社會的財富，是在人生遊戲中獲勝的贏家。

史蒂芬・柯維說：「**一切事物都能再次創造。**」首先是認知上的創造，再來是物理上的創造。當你想實現什麼時都先在腦中創造。正如沒有栽種就沒有收穫一樣，這個順序不能顛倒。在心中種下想法的種子，在生活中收穫夢想的果實吧！

這行動會帶給你什麼情感？

我們在人生中追求的全是情感，但至今為止，我卻從沒看過專為情感設定計畫的時間管理流程。人們總未預先確定最後想要什麼心情，就直接設定目標，開始行動。如果你的人生總是歡喜連連，即使途中有一兩個目標或執行項目沒完成，應該也不介意。只要明確知道自己在追求什麼情感，一切都會變得不同。

想像一下，假如有兩個男人都有做好時間管理，也都想當好爸爸、好丈夫。兩人都計畫週末要全家出遊，也都在行事曆記下「週六早上七點，家庭旅行」。同樣的角色，同樣的目標，同樣的行程。

唯一不同的是，其中一個很清楚自己想在旅行中追求的情感。他計畫這趟旅行的目的是加深家人的愛，放鬆身心，享受樂趣，獲得愉快、平靜和冒險的感覺。至於另一個人，就沒想過這些。兩人都在六點半起床淋浴，進行出發的準備，但孩子果不其然還沒起床。這時兩人的行動會出現什麼差別？會，而且是天差地別！

男性1：「該起床了，這次旅行會很好玩喔。有點累嗎？打起精神吧！」

他已經開始得到自己追求的情感，旅行已經成功了。他知道自己想要什麼，所以他的行動會讓他獲得那種情感。

男性2：「你們到底在幹嘛！就不能準時起床嗎？出發時間快到了，才第一天行程就落後。為什麼我非得為這種事煩惱啊？」

在旅行結束時會看到什麼呢？不論是角色、目標、行程、執行項目都一樣，但他們的人生卻變得截然不同。這是因為其中一人對想要的情感有明確的目標。學會時間管理後，做事的順序會改變。學習目標設定後，做事的內容也會改變。但確定想要的情感後，做事方法本身會完全改變，人生也將不復以往，徹底改頭換面。

確認你想要的情感！你想在人生中體會什麼心情？你可以像站在自助沙拉吧前一樣，自由選擇菜色。我們生來就該體驗情感豐富的生活，讓人生變美味吧！

我想定期感受、享受、體驗的情感是……

你夢想的一天

至今我跟客戶做過的演練中印象最深刻的，就是在心中描繪理想的一天（或一年）。這一天是在哪裡開始？你在哪裡醒來？躺在什麼樣的床鋪上？和誰在一起？想怎麼度過這一天？要盡量想得明確一點。

詳細寫下來。這時你的朋友是誰？這一天你會工作嗎？如果會，要工作多久？在哪裡和誰一起工作？想做出什麼結果？職場的環境如何？你會做出貢獻嗎？是什麼貢獻呢？你會玩樂嗎？要怎麼玩，在哪裡玩，和誰同樂？你會在哪裡吃飯，吃些什麼？那頓飯是誰做的？你會做什麼運動？身體情況如何？家人狀況如何？

這個演練能發揮極大的力量，因為潛意識會接下實行的任務。在第一次演練的一年後，我拿出記錄時不免吃驚，當初寫下的內容竟有八成已實現。從床邊的沙發，掛在牆上的畫到職場環境等等，全都變得和想像的情景一模一樣。

這不是因為我是特別的人，或是我知道一切答案。這意味著宇宙是豐饒的，神的餽贈是無盡的，人人都能得到滿足。希望你也能試試看，讓目標更明確，讓自己過符合理想的人生。

我理想的一天是……

得到理想的人際關係

如果想擁有美好人生，必須關注人際關係。要是最重要的人際關係產生摩擦，就無法打心底感到滿足。跟家人或戀人的關係，會為每天的情感和行動帶來莫大的影響。這不代表情感不能控制。我的意思是，只要和最重要的人相處融洽，想感受愉快的心情簡直易如反掌。

你可以想像理想的伴侶。要是已經有伴侶，也可以思考理想的家庭。你腦中會湧現什麼畫面？當你想像理想的伴侶、理想的家庭時，會有什麼心情？在這些關係中，你最常感覺到什麼心情？你們會怎麼交流？怎麼對待彼此？怎麼對彼此表達愛意？明確描繪出那些關係中沒有出現的情景，也有助於你的想像。

記得明確性是你實現理想人生的第一步。

我的理想伴侶或家人是……

增加參考資料吧！

我有個好友曾說：「人生是創造回憶的過程。」

你想擁有什麼樣的回憶？你想做什麼、看什麼、聽什麼、感受什麼、體驗什麼？你想去哪裡？想學什麼技能？如果我保證一切都可能發生，一切資源都能運用，你會做什麼？假如實現某件事的唯一條件，就是把它寫進清單，而沒進清單的事都不會實現，你會把哪些事寫進去？請拿掉所有界線。界線終究只是幻想，你可以用更寬廣的視野，好好享受這個演練。

你要騎駱駝橫越印度沙漠？沿著斐濟島的珊瑚礁浮潛？學衝浪？帶攝影機去非洲進行獵遊之旅？去峇里島做 SPA ？造訪艾菲爾鐵塔？

你想回學校？想創立公司？想賺到一億日圓的財產？

你要結婚？再婚？生孩子？看孩子長大成人？為雙親買一棟新房子？

你要去宇宙？上電視？演電影？寫歌？

你要停止戰爭？消滅飢荒？治療癌症？讓全世界孩子的識字率達到百分之百？

你要做什麼？除此之外，還要做什麼？

我想做、想看、想聽、想感受、想體驗的事情是……

我記得第一次寫清單時列了一百二十八項。一年後就有二十項實現。以進度來看，可能六年內就會全部達成。現在這張清單又新增了更多項目。

你有什麼童年時不得不放棄的夢想？你能做什麼事幫助別人？你能為自己和家人做什麼？請花幾分鐘想想，趁記憶猶新時寫下來。讓我們一鼓作氣完成吧！

為價值觀賦予價值

當你回顧自己理想的一天、理想的伴侶（或家人），以及希望體驗的清單時，可以想想是什麼樣的人能過這樣的人生。這樣的人會擁有什麼價值觀？為他引導人生的原則和最常感受的情感是什麼？

一定要當誠實正直的人？有勇氣？有冒險精神？富有愛心、懂得感恩、個性率真嗎？對那個人來說，有價值的是行動力，還是定力呢？

你現在要做的是確立自己的價值觀。你要明確表示對你而言最重要的事，因為那才是真正的你。這是你理想的一天、理想的伴侶，以及想體驗的清單所展現的價值觀。這就是你的人生。

我最重要的價值觀是……

你在這世上的理由：通往負有使命的人生

目前為止的一切演練，都是為了得到明確性。演練的最終目的就是找到自己活在世上的意義。你為何而生？人生賦予你的意義？你的使命是什麼？你的目的究竟為何？

下定決心，以不斷超越自我的使命，耕耘你的人生志業。

你的使命宣言，簡要條列自己在人生中要完成的重要清單。這牽涉到你和別人，它並非短期目標，而是串聯你的一生，將成為引領你的指南針。

我的使命是「找出偉大的真理和原則，並透過互相分享，讓自己和別人看到永恆的喜悅。」這是極為個人的，每個字都有生命，刻印在我的所有細胞中，這就是我。

你又是為了什麼而生？

想知道答案，秘訣就在坦白寫下內心話。不過濾、不批判，只要寫就好。在完全吻合前，可以反覆重寫。這是屬於你的，所以當你對自己有更多發現時，要重新審視、重新書寫都無所謂。雖然有些人生使命在現階段尚未明朗，但只要你忠於眼前所見，相信最後必能發現尚未看到的。

這無關宗教，純粹是你容許自己誠實面對自己，並展現內在最美好的部分。你要思考人生中最重要的事，以及自己獨有的價值和貢獻是什麼，並寫下來。這是你對自身的探索。不必想得太難。這並不難，只要動筆就好。

我的使命是……

在這一章學到的事

我在這一章學到的重點是什麼？

我做出什麼決斷？

我現在能馬上採取什麼行動？

STEP 6

管理時間（計畫）

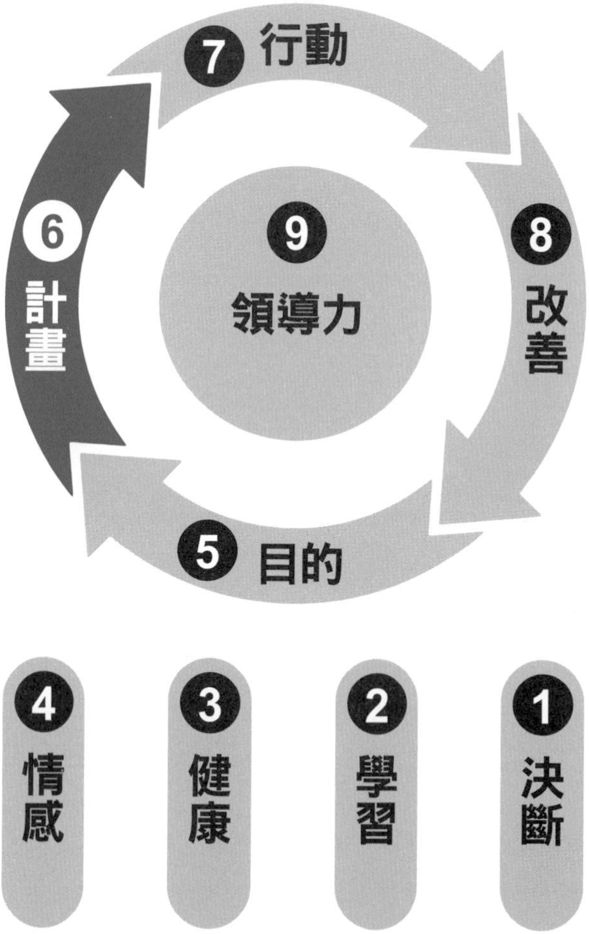

不管我們要做什麼，都必須花費時間。充分掌控自己的時間就是成功的本質，因為時間是唯一能投資在我們人生中的資本。

時間是事件，還是情感？

如果時間是由事件構成，時間管理就等於事件管理，而大多數人也是以這種方式管理時間。為人生的重要大事和目標訂立計畫，是很好的想法，也能大幅提升效率。但如果過度集中在管理事件上，結果又會如何？很多人在進行時間管理時，皆因壓力而筋疲力盡。非做不可的事太多，實在處理不完，每天手忙腳亂。

行程表中總會多一件必須做的事，感覺一天內根本做不完。更糟的是，要做的事又一件件接踵而至，陰影籠罩你的心。就算處理完今天的行程，同樣的情況依然會不斷上演。時間不夠，完全不夠。你每天都感嘆：「為什麼一天只有二十四小時？」

試圖掌控事件的想法有個問題，就是一定也有無法掌控的事件。這就是許多人認為時間管理是白費工夫的理由，畢竟自己掌控不了的事層出不窮，不處理又不行。到頭來，真正能掌控的只有自己。你可以控制自己在事件發生時的**狀態**，自己對事件的**解釋**，以及面對事件的**反應**。

從這個觀點來看，**時間管理應該是情感管理**，也就是Emotional Management。

時間管理，就是情感管理。

你是否以為時間流動的速度是固定的？每一秒都相等，每一分都用相同速度流逝。但真的是這樣嗎？

根據愛因斯坦的相對論，答案是「不」。時間流動的速度，會隨著地點改變。你可能會想：「相對論和我們的生活到底有什麼關係？」雖然應該沒什麼關係，不過你可以換個角度想想看。

你有過覺得一天很漫長的經驗？或是一眨眼就過了一天的經驗？想到這裡，你應該就會馬上明白，時鐘、日曆和我們感受到的時間，其實毫不相干。在你的實際經驗中，時間不過就是情感。我們經歷的所有時光，都是以情感的形式記錄在腦中，所以問題就在於我們能否得到自己想要的情感，以及避免妨礙目標或傷害自己的情感。

時間就是情感。正因為時間是情感，我們才能用之前從未想過的方式來掌控時間。能發揮最大效果的人，會為了能完成比別人更多的事，選擇在相同的時間、相同的行程中扭曲時間（自己的情感）。

職棒選手知道要用什麼方法，讓朝自己飛來的球速度變慢（說到底，速度快慢都是情感的判斷）。不然他們怎麼能從距離僅二十公尺的地方，擊中直徑七十三釐米，時速達一百六十公里的的球呢？

我所主張的時間管理，不單是幫生活中的事件調換順序，也不僅是為了讓安排行程更有效率，或是為了不忘記該做的事，學習運用手帳的技巧，更不只是為了替人生的每個角色設定目標而已。我所主張的時間管理，不但是改變自己在做的事，改變做事的時間，更是從根本改變每天進行活動的方式，讓你能以最美好的情感和心情度過人生。

接下來要介紹的流程非常簡單，容易運用。你只須回答五個簡單的問題：**是什麼？為什麼？怎麼做？誰來做？何時做？**

不過在開始前，請先思考時間的價值。

幫自己加薪吧！

有一次，我參加某個時間管理講座，講師問：「『時間就是金錢』。你們知道這句話是誰說的嗎？」

我回答：「誰知道。不過那個人是個痴人。」

「這可是班傑明．富蘭克林說的。」

我又回嘴：「即使這樣還是個痴人。」我會這麼說，是由於年少輕狂不懂禮貌，也表明自己對於時間高於金錢這一點深信無疑。**時間就是一切**，時間才是我們的命脈。如果時間只是金錢，我還真想把時間裝瓶販售。畢竟人人感嘆「時間不夠」，要是能買到瓶裝時間，想必會供不應求。

富蘭克林的想法具有優點。他計算時間的價值，讓人們會更謹慎使用上天賦予的時間。這觀點極有助益的。其實，富蘭克林告訴我們很多時間的美好之處。例如：

「你深愛你的人生嗎？如果是，請不要浪費時間，因為人生是由時間構成的。」

接著，我們就來稍微計算你的時間有多少價值吧。

首先，請在這裡寫下你未扣稅的年收入。

扣稅前的年收入（A）（　　　　　　）

再來，請寫下一年工作的天數。

工作天數（B）（　　　　　　）

然後，請將未扣稅的年收入除以工作天數。

（A）／（B）＝每日平均收入（C）（　　　　　　）

接著，請寫下每日平均工作時數。

每日平均工作時數（D）（　　　　　　）

最後，請把每日收入除以每日工作時數。

（C）／（D）＝時薪（E）（　　　　　　）

這個數字，就是你現在販售時間的單價。現在，我要你幫自己加薪。你可以讓自己的時間比以往更有價值，至少將時薪調高一．五倍到兩倍。

你新的時間價值是（E）×（　　倍）＝（F）（　　　　　　）

你要把這數字牢記在心，也可寫在行事曆。安排行程時，每件事至少都要值這個價錢才行。假設你一天工作八小時，一年工作二百二十天，年收入為四千五百萬日圓，時薪約兩千五百日圓。因為最少要加薪五十%，所以每小時價格約三千八百日圓。

如果有人說：「可以耽誤你五分鐘嗎？」你就要思考和對方交談五分鐘，是否有三百日圓的價值，畢竟你等於從口袋掏出這個金額給對方。假設有人找你吃飯，這頓飯有七千六百日圓（兩小時）的價值嗎？經過思考計算，你就會更慎重地使用時間。

我會刻意介紹這個觀念，是因為大多數人都太輕視自己的時間。把時間浪費在無謂的事情上，就等於偷走你用來達成使命的時間，剝奪你花在更重要的計畫、家庭，以及你獨有的貢獻上的時間。我不是要你變得自私自利，而是希望你把時間拿來做更重要，更有意義的事。你要把時間分給最重要的事。這就是關鍵。

你的時間，遠比你想的更珍貴！

時間管理的大原則

在我至今閱讀過的時間管理書籍，參加過的講座，接受過的所有指導中，有一個特別明顯的大原則，就是**「所謂的時間管理，就是去做最重要的事。」**最重要的事最先做，第二重要的事放一邊。不能只為了享樂，就去做無謂的事。有個原則就是**專注力**。這是所有成功者的特徵，他們都有明確的焦點以發揮專注力。

我喜歡對學員提問：「認為『人生中最重要的，終究是自己的家人』的，請舉手。」此時約有八到九成的人舉手。

「如果你是最珍惜家人的，請繼續舉手。你是把家庭活動擺在第一，還是等做完其他事後，有剩餘的時間才參與？請問是哪一種？」

大多數人都被不重要的事綑綁。那或許是非常緊急、是別人要求或有完成期限的事，不過你並不是為了做那些事而誕生的。有個大學教授曾針對「緊急但不重要的事」提出以下看法：**「那比什麼都不做更有害。因為他們實際上什麼都沒做，卻產生有做事的錯覺。」**

專注、專注，要專注！最重要的事，一開始就要做。把**攸關自身命運的事**放入行程，嚴格遵守，把實現自我夢想的時間排進行程。

把實現自我夢想的時間排進行程！

「我太忙了，沒時間去實現夢想。」你可能會這麼回答吧。

但實情並非如此，你只是無法說**「不」**而已。「不」是你人生中學到最重要的話。很多人只會執行他人的優先事項，過著既沒效率又無趣的人生。如果想和那些人有所區別，關鍵在於要慎重地說「不」。你可以把行事曆上的行程全取消，重新出發。接下來的一年中，你想完成三到四件真正重要的事，會是什麼呢？

彼得．杜拉克在研究過幾千名企業家的時間管理方式後提出：「很少有人能同時做好三件以上的事，莫札特是唯一的例外。」

對你來說，排名前三到四名的事又是什麼？你能把必要的時間和專注力放在這些事嗎？別專注小事，把夢想排進行程，為夢想制定計畫，將時間留給夢想。

「不」是人生中學到的最珍貴的話。

充實領域：你的力量來源

想在人生得到真正的充實感，什麼是必要的？想過最美好的人生，需要什麼條件？某天早上，我一邊慢跑一邊思考，結果答案對我造成衝擊。

出生以來，我初次領悟，想過充實的人生一點都不難。只要找幾個重點領域，設定目標，累積成就感，就能得到充實感。這時我心中浮現十個領域，包括愛和人際關係、健康、想像力、貢獻、成長和學習、自己的時間等等。

這些領域跟我過去對自己生活中的角色認知不同，不只想達成目標，更想從中得到充實感，而且也對我的情感帶來影響力。

你的情況又如何？對你來說，人生中的重要領域是什麼？什麼領域會深深影響著你每天的情感呢？這會成為你的**「充實領域」**，並深刻影響每週的計畫和行動。

我的充實領域是：

1	6
2	7
3	8
4	9
5	10

你最重要的目標是什麼？

既然找到自己的「充實領域」，接下來該做的，就是明確制定各領域的目標。當你思考各領域的終極願景時，覺得該領域最重要的目標是什麼？在往後的一年內，你想完成什麼目標？

以「健康」領域為例，你想減重五公斤？跑完全馬？練出六塊腹肌？學武術？還是學跳舞或深潛？在「經濟狀況」領域，你的目標是還清債務？開始投資和儲蓄？還是賺一億日圓？在「人際關係」領域，你的目標也許是遇到理想伴侶，或是對戀人付出不求回報的愛。你想體驗什麼？

透過一連串演練，你的思緒前所未有地清晰。請你現在就開始規劃自己的人生。你的目標是什麼？別忘了，能把目標寫在紙上定期複習的人，占比不到百分之一。這百分之一的人正在經歷奇蹟，你可以加入他們，成為人生勝利組！

要贏得這場人生遊戲，就必須知道自己的目標！

我在接下來這一年的重要目標是：

	充實領域	下個年度的重大目標
1	（例）健康與活力	（1）體脂肪率降到十五%以下。（2）能跑完十公里。（3）接受健康檢查。（4）滑十五趟滑雪板。
2		
3		
4		
5		
6		
7		
8		

釐清自己真正想追求的目標並非易事，付出代價的你值得讚揚。你知道自己要追求的情感，為自己設計理想的一天，了解自己想如何經營和伴侶、家人的關係，也確定自己想體驗什麼樣的人生，確立自己的使命和人生的目的。你也確定了

「充實領域」，設定接下來這一年的目標，而且下定決心完成。

為了幫你實現理想人生，現在就來介紹時間管理的流程！

納入情感的時間管理術

內在情感會為我們的行動注入力量的。你會把什麼情感帶入職場？你和家人相處時會用什麼情感對待他們？你在人際關係中抱著什麼心情？你人生最根本的情感到底是什麼？我們都需要內在的情感，但我卻遍尋不著將情感直接納入時間管理的方式。目前所有的時間管理手段，都只著重在「要完成什麼」「何時去做」而已。

幾年前，我察覺到自己的時間管理流程最欠缺的是內在的情感，此時我領悟到必須開發全新的時間管理流程。這套流程改變了我的人生，相信也一定能改變你的人生。

接著介紹的流程只會用到一張紙的正反兩面，我會示範格式及用法，然後就看你如何運用了。下一頁介紹的「目標設定表」和「行程表」，你可以隨意影印使用，也可以視自己的需求更動。你可以在目前使用的計畫表中進行相同流程，也可以在這張紙上用打洞機打洞，放進活頁夾，甚至可以做自己專用的格式。總之，你可以把我介紹的內容改良成屬於你的。

我只有一個請求，就是請你找一個月，按部就班地執行我教的內容，這樣你才能真正理解這套流程的影響力。

目標設定表

情感沙拉吧（第1步：確定本週想感受的情感）

1	6	11	16
2	7	12	17
3	8	13	18
4	9	14	19
5	10	15	20

充實領域（第2步：確定想得到充實感的領域）

1	3	5	7
2	4	6	8

希望的結果（第3步：參考你的年度目標，確定本週想達成的結果）

1		8	
2		9	
3		10	
4		11	
5		12	
6		13	
7		14	

活動計畫（第4步：為達成結果而進行的活動，檢視是否必要或委任他人）

活動	必要	委任	實行
1			
2			
3			

16	15	14	13	12	11	10	9	8	7	6	5	4

29	28	27	26	25	24	23	22	21	20	19	18	17

40	39	38	37	36	35	34	33	32	31	30

行程表

時間	清晨	06:00	07:00	08:00	09:00	09:30	10:00	10:30	11:00	11:30	12:00	12:30	13:00	13:30
／週一														
／週二														
／週三														
／週四														
／週五														
／週六														
／週日														

深夜	22:30	22:00	21:00	20:00	19:00	18:00	17:30	17:00	16:30	16:00	15:30	15:00	14:30	14:00

為什麼？

在這套時間管理流程中，首先一定要設計本週的**「情感沙拉吧」**。你想在這一週經歷什麼情感，體驗什麼心情呢？別忘了，人類追求的全是情感。

即使完成「執行項目清單」的每件事，只要沒得到自己追求的情感，就稱不上是成功者。即使沒完成「執行項目清單」所有的事，只要這一週有好心情，就算成功了。不知道有多少人忘了這個原則，忙著做要做的事，卻忘了要做的理由。

在時間管理的**「目標設定表」**最上方，有個欄位讓你填寫本週追求的情感。這裡的內容每週都會變，就像每次去餐廳都會點不同的料理一樣，我們在每週的生活中，也不一定只能重複那五、六種熟悉又無趣的情感吧。

比如說，我在夏威夷第一次實行這個流程時，我追求

作者的填寫範例

情感沙拉吧（第1步：確定本週想感受的情感）				
1成就感	2完成	3效率	4自由	5愛
6溫馨	7健康	8平衡	9活力	10 幸福

的情感是放鬆、藝術氛圍、冒險心、發現、自信、專注、貢獻。至於這一週，我想專注於愛、連結、貢獻、成長、自信、健康、活力、成就感。

我們必須放入情感，所以「為什麼」是必要的。你的「為什麼」是什麼？希望你能馬上實踐這個流程。請在你的**「情感沙拉吧」**中，把你這一週想感受的情感填入。

是什麼？

第二步驟，回答**「是什麼」**，也就是你的「充實領域」「是什麼」，想在這領域得到的「是什麼」。請在「情感沙拉吧」下方欄位，填寫你的**「充實領域」**。確定「充實領域」後，能讓生活保持平衡，也不會遺忘真正重要的事。

填完「情感沙拉吧」和「充實領域」後，下個步驟就是確定本週**希望的結果**。你想完成什麼事？有什麼你想實現，但目前尚未實現的事嗎？雖然我很少定規則，不過寫這張「目標設定表」

作者的填寫範例

充實領域（第2步：確認想得到的充實領域）			
1個人時間	2愛與連結	3健康與活力	4生活環境

時，還是有一個規定，就是**「不能在結果欄中填入活動！」**

很多人把「結果」和「活動」混淆。他們填了執行項目、行動、活動清單，但對於那些行動該產生的結果，卻沒有明確想法。

例如有人在「希望的結果」欄中填入：

「打電話給十個人。」

「寫信給媽媽。」

「做運動。」

「約會。」

「向上司提交業務報告。」

這不是希望的「結果」，也不是「成果」，連目標都稱不上。這些是「活動」，不屬於「是什麼」，而是「怎麼做」的問題。

「新客戶的營業額達到一千萬日圓。」

「為全家人的生活帶來滿滿的喜悅。」

「減掉兩公斤。」

「和戀人有豐富的交流。」

「加強團隊合作。」

這些才是結果，是你打算實現的目標。所謂的時間管理，就是改變現實的過程，也就是得到結果。這跟行動和活動的清單完全無關。

時間管理，就是改變現實的過程。

這一週你希望的結果是什麼？請一邊檢視每個「充實領域」的重要「年度目標」，一邊思考要得到什麼結果和成果，這樣才能讓自己更接近那些目標。請在「目標設定表」的**「希望的結果」**欄中，試著填入你的「是什麼」，也就是你本週想實現的結果。

本週必要的「充實領域」，有全部涵蓋進去嗎？當然我們不可能每週都顧及所有的領域，但確認生活是否有哪裡不夠平衡不太協調，還是很重要的。

怎麼做？

接下來的問題是「怎麼做？」

大多數的人都從這裡開始，但你不同。你知道自己追求的「是什麼」，確定想

作者的填寫範例

希望的結果（第3步：參考年度目標，確定本週想達成的結果）
1完成《成功9步驟》，建立暢銷書的基礎。
2為「企業家養成班」的成員提供協助。
3累積「成功研究會」的實績，對成員做出貢獻。
4支援瑞士的公司，確保新的通路。
5為金融講座帶來大幅度的改善。
6為泰國講座的學員提供可觀的價值，讓他們能順利地累積資產。
7維持最高水準的健康和活力。
8準備今年的報稅事宜，把今年的稅額壓到最低。
9盡情享受東南亞之旅。
10維持熱帶生活的品質。

要的結果，知道這結果和哪個「充實領域」有關，也知道產生結果後，會帶給你什麼情感。換言之，你知道自己的「為什麼」。從情感的觀點來看，你知道這結果為什麼重要。接下來，該是行動的時候了。這一週你打算採取什麼行動，去得到希望的結果？請你先拋開別人的委託和已排定的行程，試著思考一下。

只打電話給母親就夠了？要不要送一束玫瑰？如果先送張卡片，邀她下週去不錯的餐廳吃晚餐，再打電話表達對她的愛呢？比起把「打電話」當成義務列入「執行清單」，多點巧思的結果應該能超過前者，不是嗎？雖然應執行的項目清單可能變長，但相信感動和樂趣一定也會加倍。

比如說，你想去運動中心運動。這麼做會有什麼結果？可能是「增進健康，充滿元氣和活力」。這麼做會得到什麼情感？就是「能量、幹勁、元氣、力量、自信」。與其寫「去運動中心」，不如寫「買榨汁機、去運動中心兩次、按摩、早點睡、不吃加工食物」。這樣不但有好心情，對健康的好處更勝以往。

成功的人習慣實踐不成功的人不做的事。他們不會只做最低限度的努力，總是全力以赴，更上層樓。你可以採取更刺激、更快樂、更能帶來美好成果、讓內心雀躍不已的行動。你可以用更有趣、更讓人驚奇的方式行動。希望你能充分享受這段過程，變得更大膽、更有玩心，盡自己最大的努力。人在臨終之際，會後悔的往往不是自己做過的事，而是沒做的事。

現在馬上在「目標設定表」的**「活動計畫」**欄中，填入自己「怎麼做」的行動清單吧。

寫完後最好再檢視一遍，看看有哪些是追求想要的結果時必須做的。為了達到目標而非做不可的事，可能只有其中的一兩項。

我在夏威夷第一次嘗試時，想要的結果之一就是「留下終生難忘的回憶」，所以我列出一堆想做的事，當我從**「必須」**的觀點出發，決定只參加直升機體驗課程。

事項一多，難免會造成壓力，我改成一開始就把這項最重要的「必須項目」列入行程。我立刻打電話預約課程，第一天就得到想要的結果，接下來一週我都過得很自在。

現在就立刻檢視你的「必須」行動項目吧。

作者的填寫範例

活動計畫（第4步：為達成結果而進行的活動，檢視是否必要）			
活動	必須	委任	實行
1檢視書的封面。	○		
2.做原稿的最終校正。	○		
3.收集推薦文。	○	寺田、齋藤	
4.和書店打好關係。	○	尤金	
5.確認本月的承諾表。	○		
6.為「成功研究會」的CD錄音。	○		
7.參加本週的電話會議。			
8.在泰國舉辦金融講座。	○		
9.和賢次一起開會。			
10.準備曼谷和香港的講座。	○		

由誰做？

別忘了，我們不管做什麼，都會用到時間。但這裡的重點是，不一定要用到你的時間。就像我雇用總經理，把公司交給別人打理，這樣我才能專心寫書、演講和上電視。

委任＝自由的公式，可以改變你的人生。不要被「只有我才能做」的謊言給騙了。找到可以勝任的人，下達充分的指示，交給對方做，這樣你就能利用空出來的時間，專心從事自己獨有的貢獻。

我以前都自己做，但以後可以委託他人的事情有……

如果你真的想交給別人做，最好把能委託的事都分出去。你要委任誰呢？請在目標設定表的**「委任」**欄寫上對方的名字。即使是之前從沒委託過別人的事，也可以試著想想委任的方式。這對你的效率一定會帶來難以估計的影響。

把不得不做但毫無樂趣的事，統統委任別人吧！

在何時？

確定「由誰做」後，再來就要想「在何時」。從這裡開始的人也很多。他們不知道想要的結果是取決於「是什麼」「為什麼」，也不思考該「怎麼做」才好，「由誰做」才對，就只是無腦地排行程而已。於是行程表反客為主，完全沒服務到他們。行程表不是為了服務人們才存在的嗎？

要先確定**「是什麼」「為什麼」「怎麼做」「誰來做」**，這樣**「在何時」**才能提高你的效率。你現在已經準備好要安排一週的行程了。請開始填寫本週的**「行程表」**。記得分足夠的時間給重要的活動，把「必須項目」先排進行程，重要的會面和事前準備也得放進去。接著，只要實踐行程就好，你可以好好享受。「必須事項」要先做，先得到重要的結果。你也要為自己空出一些時間。

一旦知道**「是什麼」「為什麼」「怎麼做」「由誰做」「在何時」**，就沒有什麼事能難倒你了。世界是屬於你的，你正走在通往成功的路上。

希望你每週都挪出時間實踐流程。這會替你的成功和充實人生打下基礎。

效率
安排行程的七步驟

7 排出本週的行程表

6 思考哪些行動可以委任

5 檢查必須做的行動項目

4 寫下達成結果的行動項目

3 寫下本週想要的結果

2 寫下充實領域

1 設定本週的情感沙拉吧

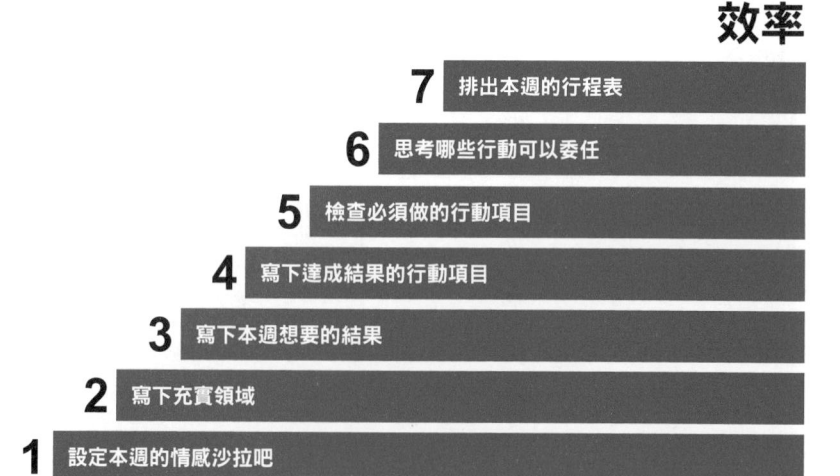

目標設定表（作者的範例）

情感沙拉吧（第1步：確定本週想感受的情感）

1 成就感	6 溫馨	11 放鬆	16 享樂
2 完成	7 健康	12 熱帶風情	17 幽默
3 效率	8 平衡	13 滿足感	18 豐足
4 自由	9 活力	14 興奮	19 創意
5 愛	10 幸福	15 玩心	20 安心

充實領域（第2步：確定想得到充實感的領域）

1 個人時間	3 健康與活力	5 財富	7 生活樂趣
2 愛與連結	4 生活環境	6 創造力	8 學習與成長

希望的結果（第3步：參考你的年度目標，確定本週想達成的結果）

1 完成《成功9步驟》，建立暢銷書的基礎	8 準備今年的報稅事宜，把今年的稅額壓到最低。

2 為「企業家養成班」的成員提供協助。	9 盡情享受東南亞之旅。
3 累積「成功研究會」的實績，對成員做出貢獻。	10 維持熱帶生活的品質。
4 支援瑞士的公司，確保新的通路。	11 加深重要的關係。
5 完成《成功9步驟》，建立暢銷書的基礎	12 強化和家人的羈絆。
6 為泰國講座的學員提供可觀的價值，讓他們能順利地累積資產。	13 建立效率良好的環境。
7 維持最高水準的健康和活力。	14 醞釀寫下一本書的氣勢。

活動計畫（第4步：為達成結果而進行的活動，檢視是否必要或委任他人）

活動	必要	委任	實行
1 檢視書的封面。	○		
2 做原稿的最終校正。	○		
3 收集推薦文。	○	寺田、齋藤	
4 和書店打好關係。	○	尤金	

5	確認本月的承諾表。	○		
6	為「成功研究會」的CD錄音。	○		
7	參加本週的電話會議。			
8	在泰國舉辦金融講座。	○		
9	和賢次一起開會。			
10	準備曼谷和香港的講座。	○		
11	重新檢視手冊。			
12	歸納累積資產的五個關鍵。	○		
13	和賢次一起擬定聯合講座的計畫。			
14	每天做三十分以上的有氧運動。	○		
15	在出發去泰國前，先上健身房。			
16	持續能支撐能量的飲食習慣。	○		
17	在旅行期間也要每天運動。	○		

18	檢查寺田整理的紀錄。	○		
19	如有必要，請對方追加資訊。		寺田	
20	對詹姆斯團隊發送最終資料。		寺田	
21	確認水肺潛水的日期。	○		
22	到當地後，每天都去海裡游泳。			
23	租借水上摩托車，盡情馳騁。			
24	去視察當地的房地產。	○		
25	共度美好的用餐時光。			
26	觀賞電影。			
27	確認夏威夷家庭旅遊的最終計畫。	○		
28	打掃公寓。		尤金	
29	敲定書名，編排目次。			
30				

40	39	38	37	36	35	34	33	32	31

日程表（作者的範例）

時間	1／26 週一	／27 週二	／28 週三	／29 週四	／30 週五	／31 週六	2／1 週日
清晨							
06：00							
07：00	運動					運動（在海灘）	準備講座
08：00							
09：00	Commitment Sheet			檢視手冊	9:10 BKK TG203	潛水	
09：30	讀承諾表			改善講座			
10：00							講座
10：30	檢查封面	校對	校對		普吉島		累積財富的
11：00					辦理入住		五個關鍵
11：30							
12：00		跟編輯一起			午餐	午餐	午餐普吉鎮
12：30					阿曼渡假村	阿曼渡假村	
13：00	進行委任			處理財稅事務		視察當地房產	

13:30	→	→	→	→		→	
14:00	CD錄音 →	→	→	→	為適應當地	→	打網球 →
14:30		→	→	→	環境做準備	→	
15:00	成功研究會郵件	→	→	→		→	
15:30		→	→		騎水上摩托車 →	→	游泳 →
16:00	電話會議	→	→	去成田搭機 →			
16:30	（瑞士、香港）	→	→				
17:00	晚餐 →	→	→				
17:30		→	→				慶祝派對 →
18:00	電影 →	→	→	18:45 JL707 →	晚餐	跟賢次開會 →	
19:00		→	→		叫客房服務		
20:00		→	→			阿曼渡假村	
21:00		→	→	編排下本書		共進晚餐	
22:00		→	→	的目次		準備曼谷和香港	
22:30		→	→			研討會	
深夜				抵達BKK			

時間區塊化的奇蹟

我至今教過的時間管理原則中，有哪個概念對我和學員的人生帶來的衝擊最大，應該就屬「時間區塊化」。我曾在東京家中對三十二名企業家說明這個概念。

「假設你的行程表一片空白，一週內完全沒有預定，如果我說想跟你開會，你會二話不說就把這件事排入嗎？」

有趣的是，對於把會議排進行程一事，幾乎沒有企業家會採取一貫的策略。

「星期一下午吧。」

「星期三吧。」

「我不知道。」

「所以才說你沒有個人生活啊。要排週一早上第一個，至於理由現在還不能說，因為我要你自己領悟。現在你週一早上九點到十點的行程已經排定，但又有別人想預約會議。這次你要排在何時？」

「當天下午一點吧。」

「星期二吧。」

「所以才說你沒有個人生活啊。要排週一早上十點半，如果時間不允許，就改週一或週五的下午四點吧。」

你可能還沒看出原則，不過道理很簡單。當你在排活動或預約時，最好將沒排任何行程的時間區塊盡量拉長。

把所有事件和預定行程盡量排在一起，讓不受打擾的時間區塊達到最大化。

這個原則對一天、一週、一個月，甚至一年都適用。

例如在我的公司裡，所有會議都在週一進行，以確保每週有四天能不受任何打擾，專心進行重要的工作和專案。有多少企業家能每週擁有連續四天不被打擾的時間區塊呢？應該少之又少吧。

在擬定年度計畫時，也能像這樣把時間區塊化。我會把講座和其他要務整合在一起，確保自己有一段較長的時間沒有工作。直到現在，我依然按照這個單純的原則安排行程。多虧如此，讓我有四十天不受外務打擾，可以專心寫這本書。

工作要如行雲流水，才能交出最好的成果。如果處處受阻，心情會被打亂，難以恢復原本的順暢感。你也可以試著把時間區塊化，體驗效率爆發性提升的感覺。雖然要排出不受干擾的長時間區塊，有時並非易事，但每一次排出來後，都能成為讓夢想更快實現的好機會。

為了整合出時間區塊，我會……

我需要時間區塊進行的計畫是……

時間管理的三大概念

除了時間區塊化外，還有三個大幅提升效率的時間管理概念：**「割捨事項」「零基思考」「政治家的選擇基準」**。

割捨事項比優先事項更重要

每個人都會考慮優先事項，卻幾乎不去思考割捨事項。現代經營學之父彼得．杜拉克，曾如此闡述割捨的重要性：

「重要的不是設定優先事項。這件事很簡單，誰都會做。為什麼很少有能讓人專注的管理模式，是因為要設定割捨事項很難。總之，決定哪些工作不做，並且貫徹這個決定，才是最難的。」

之前，我指導一位時間管理有問題的男性，他一手攬下大量工作，快被壓垮。我和他討論該放棄什麼（割捨事項為何）。為了得到真正想要的結果，他決定放棄看電視。以前他一天平均看三小時電視，一年下來看了一千小時以上。如果以每週工作四十小時計算，他有二十七週，也就是六個半月都浪費在看電視上！在之後的人生中，他每年都能省下半年份的工作時間，專心實現自己的使命、目標和夢想。這就是決定割捨事項的力量！

同樣的道理也適用在商務上。最困難的決策，不是決定販售哪種商品，開拓哪種客群，而是決斷放棄哪些顧客、哪些需求。這就是商務方面的割捨事項。

為了實現夢想，你有勇氣放棄某些活動嗎？

我的恩師之一迪・葛羅巴古博士指導過德州的某間證券公司，教他們關於優先事項和割捨事項的觀念後，該公司為了專心處理大案子，決定低於五萬美元的交易都一概拒絕。這決定需要勇氣，他們有很多散戶交易時的手續費在營收中占比不小，但公司平時疲於應付小額交易的業務，沒時間整合大戶，也是不爭的事實。

那麼，這次設定割捨事項的結果又如何呢？後來他們下個年度的營收提升四倍，獲利也創下紀錄。由此可見，和優先事項相比，割捨事項更重要！

如果想滿足所有人的所有需求，下場就是無法滿足任何人的需求。放掉某些機會，專注於真正該滿足的需要，並且投資必要的時間，以一流水準滿足那項需求。不論是哪種事業，都有割捨事項。為了因應企業高層對個人化服務的要求，有些飯店就不接待只想要便宜住宿的旅客。我們可以自行選擇戰場，所以選擇割捨事項是必要的。

如果想滿足每個人，沒有人會滿意。

為了成功，我必須割捨的事項是……

零基思考（Zero Base Thinking）

了解這個概念，相信每個人都能以經營顧問為業。這概念就是如此簡單，只抛出一個問題：「如果這個系統、合作模式、人際關係、行程、構造、手法、流程尚未完成，現在還能重新來過嗎？」

如果還沒完成，現在還要繼續嗎？

如果答案是「不」，就要全部推翻，重新計畫和打造實際上最理想、最適合的方案，並且馬上執行。

我們可以隨時從零開始，我們是自由的，你也有這個能力。聽我這麼說，你可能會心生抗拒，但事實上，這是你的人生、你的事業，你可以照自己的喜好選擇，打造期望的狀況！

如果你的行程中還沒排進這項預定，現在安排也可以吧？如果不行，就鄭重地取消吧。如果你還沒建立起這段人際關係，可以選擇從現在開始努力嗎？如果不能，你就要鄭重地說明自己的優先順序變了，希望將來對方會幸福，然後脫離那段關係。如果你現在還沒做這份工作，它會成為你的新選擇嗎？如果不會，你今天就去應徵其他的工作吧。

沒意義的人際關係、行程、系統、工作慣性等等，是最大的浪費。沒有哪件事是一旦開始就必須一直做下去的。

就算開始了，也不代表必須一直做下去。

再次強調，我不是勸你當個堅持己見又自私自利的人。我只是要你忠於心中的最佳選擇，真心相信。你要做正確的事，若仍煩惱何者正確，一定就是選項中最困難的那一個。

隨波逐流很簡單，很多人都屈服於慣性的力量。相信自己是對的並貫徹信念，進而挺身行動是非常困難的。**正因為困難，所以這麼做絕對有價值。**

最近行程過於繁重，把我壓得喘不過氣。後來我把一整年的行程歸零，重新計畫，把要做的事區塊化，才有餘力從事其他活動。於是我騰出九天時間給講座，也確保豐富的私生活。如果只在既定行程中調整，一定沒辦法做到這樣。

我要你拿出白紙開始嘗試。這種零基思考，可以為你的生活帶來全面革新。

目前的生活中，我還沒得到理想成果的領域是……

如果從零基礎開始思考，我會做的事情是……

向政治家學習選擇標準

每當我問：「你覺得世界上誰最忙？」許多人都會回答：「美國總統。」畢竟總統必須在非常有限的時間內，應付多到令人不敢置信的要求，的確是十分繁重的工作。事實上，這答案幾乎可以套用在每個政治家身上。對他們來說，有太多人和事會占用自己的時間，要全部回應是不可能的。

此時他們必須面對一個問題：「要怎麼選擇比較好？」

政治家對這個問題的答案非常有意思。他們會考慮的是「這個人對我有多少幫助？」這種選擇標準聽起來有點自私，我也有同感，所以我建議你問自己：「這個人或這段時間的運用法，可以給我多少動力去實現夢想？」

這件事能為我實現夢想做出貢獻嗎？

如果你的夢想是幫助別人，和流浪漢一起午餐就是有效利用時間，因為這能幫你實現夢想。如果你還沒試過，強烈推薦你和朋友帶著便當一起去附近的公園試試。相信會是獲益良多、充滿感動的經驗。

你要把時間花在對實現夢想有貢獻的活動可以大方點，能為最重要的人和事挪出時間是美好的事。千萬別等到問題和令人分心的障礙完全消失，因為那絕不會消失。你和最忙碌的政治家一樣，都得為自己的時間訂出價值。

絕大部分的情況，世界都是一面倒映我們的鏡子，我們的想法會反映在實際的生活中。如果你重視你的時間，別人也會重視。如果你珍惜自己的時間，別人也一定會珍惜。

耶穌基督曾說：「人會隨著內心的想法改變。」

希望你能珍惜時間，珍惜人生。把時間投資在實現夢想上，相信回報一定會很有價值的。

把一切獻給夢想，包括你的時間。

現在最能幫助我實現夢想的活動是……

為了騰出更多時間給這些活動，我會……

在這一章學到的事

我在這一章學到的重點是什麼？

我做出什麼決斷？

我現在能馬上採取什麼行動？

STEP 7

果斷地採取行動（行動）

在我的講座上，學員會赤腳踩過燒紅的木炭。這是一個很棒的譬喻，能讓他們意識到自己的人生有多大的可能性。這個演練有一點讓我特別中意，就是不存在模稜兩可，走或不走只能擇一。採取果斷的行動，一定能改變你的人生！

「試試看」是不行的！

到此，我們已走過漫長的路，你的個人能力得到大幅成長，地基已然穩固。想要的結果已經確定，也為此擬定計畫，學習時間管理法。再來是行動的時候了。**果斷地行動**！帶著永不動搖的決心行動吧！沒有這種程度的幹勁，就毫無意義。自己是什麼人，自己的夢想有什麼價值，是很重要的。

幾年前，我遇到某個從事網路直銷，月入數十萬美金的人。他很年輕，看起來一臉幸福，感覺似乎很成功。我對他很有興趣，後來他跟我分享自己的成功故事。二十八歲時的他很平凡，以房仲為業，收入還可以，但這不是他夢想的生活，甚至以為夢想生活不可能實現。這種自欺欺人的想法，你是不是也似曾相識？

就在這時，有個熟人向他介紹網路直銷的概念。這門生意的好處在於你只要正派經營並擁有優秀商品，成功機會很大。這對一般人而言是頗具吸引力的。不用高學歷，不必和富二代結婚，只要交出成果就好。一旦建立起龐大的銷售組織，就能獲得預期的收入。他領悟到這正好符合自己實現夢想生活的方法和計畫。對他而言，該做的事只有行動。他大膽相信自己會成功，並果斷地展開行動。

他到處打電話給認識的人，連失聯好幾年的人都照打不誤，即使是剛認識的陌生人，全都不厭其煩地介紹這門生意。他的行動充滿決心，義無反顧。後來他建立的組織創下驚人業績，營業額相當於世界數一數二的大型直銷公司的一半。

你能為了夢想，果斷地採取什麼行動？如果要全力以赴，你想做什麼事？如果知道不會失敗，你想挑戰什麼？如果深信自己是為成功而生，上天會賜予各種資源和方法幫你實現夢想，會展開什麼大膽的行動？

做出決斷，你就等於成功一半了。還等什麼？立刻行動吧！

為了實現夢想，我能果斷地採取的行動是……

旁人看來或許有點激進，但每個成功者皆如此。

Visa信用卡的創辦人狄伊．哈克在構思Visa卡時，也是抱著決心果斷行動。他在三週內說服三千家銀行加入他的新系統。這才是貨真價實的果斷！而且這次行動的結果，還促成了史上最大企業的誕生。

馬克吐溫簡潔並巧妙地說出果斷行動的本質：

「那是十天份的工作。但如果沒被中斷，五天就能結束。」

你有夢想，也有嘗試追夢的自由，但問題在於你是否擁有堅定的意志。你已經準備抱著必死的決心，果斷地展開行動了嗎？我相信你做得到，畢竟你把這本書看到這裡，不就是為了這個理由嗎？你不是會半途而廢的人，你有完成目標的熱情，一定會貫徹自己的夢想到底。

莎士比亞曾說：

「我們的懷疑是叛徒，引誘我們走上因放棄而失敗的苟且之路。」

現在該是擺脫恐懼，收起懷疑的時候了。你要相信你的人生一定會有好事降臨，相信成功就是你的命運。

來，開始行動吧！

你的行動會產生重力

在物理學上，當物體加速時，質量就會增加。當質量增加時，物體對周圍的引力也會變強。如果把物體加速到光速，理論上質量和引力就會變成無限大。物理學的部分到此為止。我想表達的是，人類身上也有同樣的原則在運作。**當你展開行動時，你的器量就會變大，開始對周圍產生某種引力**，人力和資源也自然會從各處冒出，為你的夢想提供支援。

你聽過「比實際更大」的形容嗎？那是指朝著目的和夢想全力以赴，果斷行動的人。你一旦這麼做，就會成為比實際更大的存在。如果看不到通往夢想的路，只要先展開行動就好。到時你會驚訝地發現，前來支援你的資源是如此豐富。

你的行動，將啟發周遭的人。人類總希望成為核心人物，而你會成為那個核心，成為一股自然的力量。把人生活到極限吧。越是熱心勞動越有活著的充實感，你越行動，存在感越強，你的火炬也將越燒越亮。

一旦開始行動，必要的資源一定會隨之而來。

用雷射思考切開障礙

為了讓講座更有趣，讓學員的能量保持在高點，我會運用各種影像和照明工具。別忘了，狀態會產生技能。在高能量的狀態中，學習能力也會隨之提高。我在講座中運用的裝置之一，就是五十毫瓦的雷射光。一百瓦的電燈就算看整天也沒問題，但只要直視五十毫瓦的雷射光片刻，眼睛就會受到永久性傷害。一百瓦燈泡的能量是五十毫瓦雷射光的兩千倍。兩者究竟有何不同？為何雷射的破壞力如此強大？答案就是**集中**。雷射的能量集中在一個點上，燈泡的能量卻是分散的。

大多數人都活得像燈泡，能量分散，沒有焦點，這就是效果不彰的原因。就算你的能量、知識、技術、能力只有別人的兩千分之一，但只要集中於一個點上，依然能產生巨大成果。雷射是果斷行動的好例子，它連鐵板都能切割。如果把自己的能量集中起來又能做什麼呢？相信你的力量一定能超過五十毫瓦的雷射光。

只要集中能量，不論任何障礙都能切割。

想得到更多，就要給予更多

很多人都是以最低限度的努力完成事情，絕不做超過要求的事。而在生活中，他們對自己沒得到想要的結果感到不可思議，一頭霧水。

我年輕時有個恩師，名叫保羅．丹恩。這是發生在保羅當超市經理時的事。當時新店正在招募，就在新店員已大致底定時，有個青年到店裡表示想應徵。保羅說：「我們已經徵到人了。」雖然遭到拒絕，青年仍不為所動：「我有你們需要的東西！」保羅覺得他的說法很有意思，不免好奇反問：「那我們需要的是什麼……」「是服務。」青年再次回答：「我有服務。這關係到貴店的成敗，我可以不拿薪水，請先試用我一週，你就會明白。如果一週後，你認為這家店不需要我，要解雇也無妨。」於是保羅雇用他。兩天後，保羅把另外兩個年輕人解僱了，因為這個青年一個人做了三人份的工作！他東奔西跑，到處尋找能為顧客做的事。兩個月後，這家超市獲得成功，又在附近開了分店。誰是那家新店的店長？就是這位擁有「服務」的青年。

獲取成功和財富的大原則，就是**「想得到更多，就要給予更多」**。如果你想讓銷售額更高，就得給顧客更多價值。如果想要更多關愛，就必須主動付出更多關愛。如果想賺更高的薪水，就要奉獻自己的心力，提升工作品質。如果想在學校考出好成績，就必須更用功念書。如果想要更多充滿幹勁的員工，就必須給員工更多成長和貢獻的機會。想得到更多，就必須給予更多。

想得到更多，就要給予更多

想想看，當你抱著想從對方身上「得到什麼」的企圖，去建立和對方的關係，結果會如何？最後應該會失望吧。那麼，試著改變自己的焦點。在你和對方的關係中，對方給了你什麼？要怎麼做才能向對方展現更多的愛？要怎麼做才能讓對方幸福？只要你有這種想法，保證你一定會有更充實的人際關係。

如果想讓重要的人際關係更充實，我們可以用的妙招之一，就是**在沒預告的情況下，送對方非預期的禮物**。令人驚訝的是，我在指導企業和企業家時，很少看到有人運用這個好原則。有許多企業員工明明能拿到很高的薪水，工作意願卻十分低落。為什麼會變成這樣呢？

基本上，當人進入體系，能定期收到報酬時，往往把報酬視為理所當然。也就是說，人會把這些報酬視為權利，一旦取消就會發出不平之鳴，可是給了也不會特別開心。在許多企業中，那些獎金和獎勵早已不是「紅利」。員工會有預期心理，認為拿到是天經地義。那已不是特別的報酬，而被視為一種權利。

要讓人產生動機的秘訣，就是在非預期的時候，給予非預期的報酬。

最近我的公司接二連三地舉辦講座，工時很長，員工都很疲倦。後來在兩個大型講座中間有兩天空檔，員工問我可否先回家一趟。

「不行，我預定辦一場內訓。」

他們雖然看似遺憾但沒人抱怨，不過表情不太開心。第一個講座結束後，其實我是安排全體員工到日本皇室的古老避暑別墅度假兩天。他們知情後大感驚喜。

在非預期的時間，以非預期的方法，送出非預期的禮物。要不要對伴侶試試？或是對員工試試？不必花大錢，只要花時間細心籌畫就能發揮效果，把你的心意傳達出去。

就算只有一朵玫瑰，相信對方也會開心，或是寫張卡片傳達心意給對方。

在非預期的時間，送出非預期的禮物！

我計畫送出的驚喜禮物是……

送禮的對象是……

不要覺得捨不得！請把你該給的禮物送給這個世界。你要給得毫無保留，別迷惘，別猶豫，給出去就對了。如果想得到更多，就要給予更多。人總是擔心一直採取果斷的行動會很累，所以會有所保留，但這想法其實大錯特錯。你越是大膽行動，第二天獲得的能量反而越多。

這是和健康有關的秘訣。美國醫生迪帕克．喬普拉博士曾教我們：「健康和能量是深眠的結果，深眠則是積極活動的結果。」我的經驗證實此話不假。希望你也能用盡全力，然後像嬰兒般熟睡，第二天醒來充滿活力。不果斷地行動，是毫無意義的。

如果擔心事業無法成功，就要提供顧客超乎預期的價值，這樣不但競爭對手會害怕，業界也將樹立起新標準。萬一對手搶先一步，你的公司很可能被迫關門大吉，所以你得先下手為強，親自把對方逼到關門大吉。

如果對手搶先一步，你將陷入絕境！

你要去感受這種想法和行動方式，為你的生活帶來的影響。放下憂慮，重新努力生活。一旦耗盡能量，就會有新的能量注入你的體內，因為自然界非常討厭真空。

阿拉丁效果：只要問就好

許多人在執行大型計畫時，都會苦惱不知從何著手。要達成目標就有很多事必須發生，但那些事似乎都離自己的**「影響範圍」**相當遠。你還記得**阿拉丁和神燈**的故事嗎？阿拉丁找到神燈後，一摩擦表面，就有神燈精靈出現，說要實現阿拉丁的一切願望。你也想得到那種神燈嗎？別驚訝！你已經擁有它了，只是大多數人都忘了磨擦它。我們太怕拜託別人，所以常在被拒絕前就選擇放棄。

人類習慣把人生搞得更複雜，但人生其實並不複雜。只要你肯要求，就能過如願以償的人生。希望你能拿出勇氣。拜託別人是強大的行動，就像魔法一樣，隱藏著推動事物的力量。

原本人是不想說**「不」**的。每個人都想說**「好」**，因為這是天性。試想，當有人邀約晚餐時，你能輕易說出「我絕對不要和你這種人一起晚餐」嗎？你會害怕拜託別人？不好意思要對方算便宜一點？如果想得到更好的服務，你會開口嗎？如果是想邀心儀的人約會，你會怎麼做？

幾乎所有人都害怕拜託別人，擔心「萬一被對方拒絕，該怎麼辦？」這的確有可能發生。重點就是詢問不花任何成本。拜託顧客下單，顧客不肯。雖然你沒拿到訂單，但反正開口前也是，所以前後狀況一樣。這代表什麼？就是你根本沒有損失。

假設你走進賭場，裡面所有的吃角子老虎都免費，你會拉下手把嗎？當然會吧。既然沒損失，誰都會拉吧。只要對方說「好」，你就贏了。即使說「不」，你也只是退回之前的立場而已。

我對拜託別人上了癮。第一次出書時，我拜託報社的廣告費打折，他們就把價格降低了。另外，我也拜託書店把書陳列在醒目處，結果許多書店都在店門口擺上一疊。後來書進了商業類暢銷榜，還蟬聯二十五週的冠軍。

「求，則得之」。就這麼簡單。快養成習慣吧！你想拜託別人什麼？快摩擦神燈看看！

我想拜託的事是……

果斷的行動也要循序漸進

果斷地採取行動，有幾個關鍵：

營造能採取行動的狀態

第一個關鍵，是調整你的狀態。想果斷地採取行動，就要讓自己處於**決意甚堅的狀態**，深信沒有人能阻擋你。你可以運用焦點（V）、言語（A）、身體（K）營造這種狀態，並且懷抱必定成功的信念，因為你知道自己是為了成功而生。你要堅定不移地相信「一定會如願的！」

負起責任

第二個關鍵，是負起**責任**。看歷史上的偉人就知道，他們始終都會負起責任，沒人指示他們解決問題。沒人叫甘地、馬丁・路德・金恩負起責任，是他們自行決定要負起改變現狀的責任，然後行動。無論面臨什麼問題，你都要有「由我來改變！」的決心。不管別人是有作為還是沒反應，都不抱怨。你該做的，是決定「你」要做的事。

甘地說：「如果希望世界有所改變，我們就必須自己成為那個改變。」

發揮主動精神

第三個關鍵，是發揮**主動精神**。你要走出家門，展開行動，在平地上掀起波瀾，不能坐等狀況、環境或別人改變。

有一次，巴頓將軍向新兵致詞：「我不想聽到『我正在守這個地方』的無聊報告。我們不守護任何東西，而是要一直前進！」

你要發揮主動精神。這世上的一切事物，都是由發揮主動精神的人所創造的。

走出舒適圈

第四個關鍵，是跨出**「舒適圈」**去行動。

海倫凱勒說：「人生不是勇敢的冒險，就是毫無意義，只能二選一。」如果想果斷地採取行動，最好做些自己平常不會做的事。

效率專家布萊恩．崔西說：「遵從對自己的要求，達成身為人類的成長。」說到底，設定目標的目的並非為了達成目標，而是要決定自己會成為哪種人。如果目標能讓你作為人類的部分有所成長，就是好的目標。如果你的目標和行動，都是在目前的「舒適圈」裡能辦到的，這目標就沒有任何助益。

現在就跨出「舒適圈」，擴展自己的地圖吧！

佛陀也有類似的思想：

「木匠會彎曲木板，製箭師會彎曲箭矢，賢人會管教自己。」

設定目標的目的，不是為了得到什麼結果。打個比方，修行並非為了蓋寺建廟，而是磨練自己。每當我們挑戰自我的極限，擴張自我的界限時，都是對自己的磨練。

以「不可能失敗」為前提行動

最後的關鍵，是以**不可能失敗**為前提行動。要帶著「成功和勝利必屬於我」的信念前進！你要勇敢一點。人在臨終前會後悔的，不是做過的事，而是沒做的事。人生最大的風險，就是過沒有風險的生活。希望你的人生過得淋漓盡致。

艾巴・西門曾寫道：「死亡只是讓自己失去生命的眾多方法之一。」

不願果敢地採取行動，也算是失去生命的方法之一。所以，從今天開始重生吧！

採取果斷行動的五個關鍵

1. 營造能採取行動的狀態。
2. 把那件事當成自己的責任。
3. 發揮主動精神。
4. 跨出「舒適圈」。
5. 以不可能失敗為前提行動。

只要你做好採取果斷行動的準備，就沒有任何事能阻止你了。你的夢想必能實現！

現在就馬上果斷地行動吧！

在這一章學到的事

我在這一章學到的重點是什麼？

我做出什麼決斷？

我現在能馬上採取什麼行動？

STEP 8

改善方法（改善）

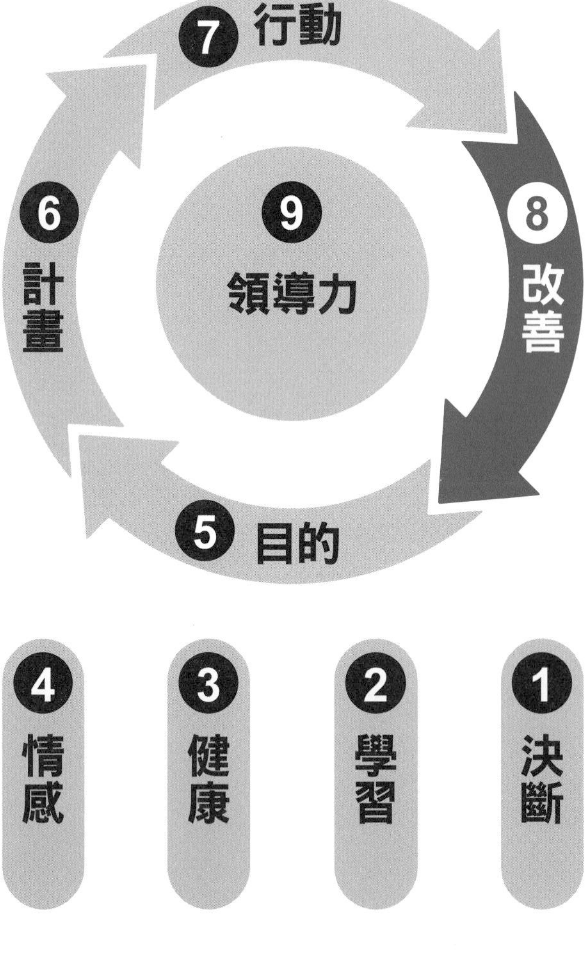

第二次世界大戰後，日本以「恆常改善」的觀念為基礎，建立起世界第二的經濟大國。我們做事不一定都能順利，有時也必須改變方法。總之，人生只有兩種經驗——成功的經驗和學到的經驗。你知道愛迪生在發明燈泡前失敗過多少次嗎？答案是零。因為他從每次實驗中都能學到東西。

以愛迪生為榜樣！

想像一下沒有燈泡的生活，應該挺困難的吧。車子沒有車燈，家中的照明只有蠟燭，夜晚的道路一片漆黑，沒有霓虹燈和明亮的招牌，辦公大樓裡沒有上夜班的人，甚至連手電筒也沒有。愛迪生改變了這一切。他和其他成功者一樣，不斷**改善**自己的方法，而他改善的結果，也讓我們的生活為之一變。

有一天，愛迪生又在做實驗。這是他在發明燈泡前做過的無數實驗之一，但這實驗那天仍以「失敗」收場，是貨真價實的爆炸。面對實驗接二連三的「失敗」，愛迪生的助手開始不耐煩。他們怒不可遏地朝愛迪生吼道：「你是打算殺了我們吧！你辦不到的！注定要失敗！」至今為止，你應該也聽過很多類似的話了。

不過愛迪生看起來根本不以為意，只顧著在自己的筆記本上振筆疾書。助手們認知失調，莫名問道：「你在做什麼？」

「我剛剛發現引發爆炸的新方法，還學到另一種做不出燈泡的方法。」這是多麼正面的心態，難怪他會成功。就算一開始沒成功，只要改變自己的做法就好。這樣總有一天，你一定能得到想要的結果。

羅伯特．舒樂說：「成功沒有終點，失敗不是終點。」秘訣在於改善自己的做法。

生物學的重要啟示：預測和改善

在生物學上，生命有兩個不可或缺的條件，就是**預測**和**反饋**。從微生物開始，所有生物都會採取這兩種行動。微生物朝著高濃度的葡萄糖移動，是因為預測能得到生存和繁衍所需的營養。預測一旦命中，就會萬事順利；要是預測失準，就會陷入絕境。

在這裡，反饋是不可或缺的。沒有反饋，就不知道事情是否進展順利。微生物必須透過測量和觀察，以掌握目前做的事是否一切順利。得到反饋後，微生物會面臨兩個選項：一是**改變做法**，二是**等待滅絕**。改善自己的做法，是攸關生死的抉擇。想得到期望的結果，就只能改善做法。

幾年前，我到馬來西亞首都吉隆坡參加銷售界的溝通天才馬漢・卡爾沙的講座。他說：「沒有難應付的顧客，只有缺乏彈性的顧問。」

我們必須更有彈性，才能找到新的做法，得到更好的成果。夢想一定能實現，但不一定是用你當初構思的方法。馬漢又接著說：「一切失敗的原因，不是**缺乏意識**，就是**缺乏選項**。」

假設你現在正在和顧客談生意，但你的做法遇到瓶頸。如果你不知道自己的做法無效，就不可能談成這筆生意。也就是說，你是缺乏意識。同樣的情況，這次你有察覺顧客遲遲不答應，但不知道該如何是好，因為自己的溝通工具已經用盡，別無他法了。這種時候，你煩惱的是缺乏選項。

一切問題出在意識和選項。你現在做的事順利嗎？如果碰壁又該怎麼辦？

為了改善結果，我要採取的新做法是……

磨練五感的敏銳度

可以正確感知、掌握這世界到何種程度，是取決於**五感的敏銳度**。簡單來說，就是你的**觀察力**有多強。

讓我們再回頭複習VAK。想知道事情是否順利，就必須去看、去聽、去感覺，也就是**留意**周遭的動靜。別只想著自己接下來要說什麼，而是要和對方站在完全相同的立場，去聆聽、去細看、去深入體會對方的感受。

我曾經聽過一個故事。有個地方住著一個貧窮的農夫，每天都在貫穿自家農場的小溪旁邊泡腳邊做著成為富翁、生活愜意的白日夢。他心想：「這種地方根本沒搞頭，在鄉下不可能成功。」於是把農場頂讓給剛從外地來的人，踏上追求成功的旅程。

他到處旅行，卻找不到任何成功的機會。後來盤纏用盡、身無分文的他決定回故鄉。當他抵達鎮上，和朋友聊天時，一位看起來非常富裕的紳士經過並吸引他的目光。

「那個人是誰？」

「就是買下你農場的人啊。不記得了嗎？」

「為什麼他變得那麼有錢？」

「你離開鎮上一星期後，他在那條小河泡腳時，發現閃亮的石頭，原來那是鑽石。你以前那座農場，其實是全國蘊藏量最豐富的鑽石礦脈呢。」

看來五感的敏銳與否，確實掌握你成功的關鍵！

估算業績，業績就會改善

當我的第一間公司還在和財務困境苦戰時，我在辦公室牆上找了個醒目的位置，用圖釘釘上現金收支表。員工得知公司的財務狀況有多嚴竣後，就開始找各種方法節省開銷，讓我的公司得以免於倒閉。

現代的資本社會之所以存在，多虧了威尼斯商人貝內代托·科特魯利。

一四五八年，他在一份標題為《貿易和完美商人》（Della Mercatura e del Mercante perfetto）的未出版原稿中，記述複式記帳的方法（編：每筆交易都至少被記錄在一個借方，一個貸方的帳戶，且該筆交易借貸雙方總額相等。）只要運用複式記帳法，企業就能正確估算業績，這是以往的會計方式做不到的。從此以後，要改善做法就不再是難事。

快找出估算業績，改善業績的方法吧。

改善是永無止境的

改善做法和完美主義正好相反。一旦改善做法，就等於承認改善是永無止境的，我們一定能把事物改得更好。以足球來比喻，就是「品質的競爭，沒有球門線」。

松下幸之助應該算是最熱心提倡這個觀念的人。他總是反覆強調：「改善是永無止盡的！」有天，松下先生走進松下電器公司的洗手間，看到水龍頭在漏水。他把總務課長叫來說教了三十分鐘，就是要對方「修好這個，改良這個」，簡直走火入魔的地步。

那麼，松下先生對「改善」的熱情換來什麼結果？當他去世時，松下集團已成為由一千五百八十二間公司組成的大企業。之後，只要有新的電器產品在日本發售，松下集團的市占率總能達到五成，剩下的五成才由其他公司瓜分，而且大家都對此習以為常。

幾年前，我在雜誌上看到一篇文章介紹世界前五十的度假飯店。後來我發現其中有五家都在麗思卡爾頓旗下，能在前五十占五名，真是令人欽佩。於是我決定造訪五家的其中一家，問他們是如何辦到的。

當員工發現旅客對服務不盡滿意時，會自行書寫「解決旅客問題的報告」。和其他飯店不同的是，顧客不必親自寫客訴，而是由員工寫。這象徵他們會「恆常改善」的決心。品管負責人會立刻收到報告並確認該名旅客是否還在飯店，如果旅客還在，品管負責人就會把「解決旅客問題的報告」轉達各部門，將問題告知全體員工，要求每個人務必在旅客住宿期間提供最佳服務。

這真是令人驚嘆。所有員工都能掌握飯店內的一切問題，參與解決的過程。不僅如此，品管負責人還負責改善飯店的系統與流程，以確保相同問題不再發生，造成其他旅客的不便。當萬豪酒店集團決定收購麗思卡爾頓酒店集團時，就說過「花多少錢都沒關係，這樁交易一定要成功」。由此可見，他們是多麼欣賞麗思卡爾頓出色的品牌形象和品質了。

改善的價值是無限的！

我們不能放棄改善做法。只要持續改善，最終必能找到達成目標的方法。無論到達哪個層級，改善攸關存亡這一點都不會變。這是永遠的課題。

請試想一個衝擊的事實——光是在一九八〇年代，《財星》世界五百強（世界最大企業排行榜）中，就有四成六的企業跌出榜外。二十世紀初的美國前百大企業中，到目前還健在的也只剩十六家。不改善就是滅亡，只能二選一。

神經語言程式學（NLP）創始人理查．班德勒說：「**失敗並不存在，有的只是結果。**」如果自己在做的事進行得不順利，就做別的事吧！如果不能馬上得到想要的結果，就換個方法看看。如果換了依然無法如願，只要再改變做法就好。這樣總有一天你會得到期盼的成果，在嘗試的過程中也能獲益良多。

你要一直做下去，一直改善方法。有時光靠你的堅持不懈，也能讓事情順利進展。

繼續，放棄，開始

要改善方法，可以採用史蒂芬·柯維博士提倡的「繼續，放棄，開始」。做法是向你的顧客、員工、伴侶或其他重要的人提問：

1. 我或我的公司正在做的事情中，有哪些你認為可以繼續做？
2. 我或我的公司正在做的事情中，有那些你認為最好放棄？
3. 我或我的公司沒在做的事情中，有哪些你覺得可以開始做？

別忘了，反饋是求生存的兩個必要條件之一。這就是能得到反饋的方法，看似簡單卻很有衝擊性。

我指導過的房地產公司負責人就對他的員工用過這個方法，結果他花了兩個月才從員工反饋帶來的打擊中振作起來！不過，比起一直自以為諸事順利，對別人在背後的批評一無所知，被正面打擊還是好多了。

如果你的顧客抱怨，要感謝對方，因為顧客是認為你可以改變，可以改善，才會說出意見。如果顧客閉口不談，反而才該擔心。

要勇於接受反饋！

為了改善業績，我要向以下這些人尋求反饋……

提高自己的標準

所有創下頂尖業績的組織都有個特徵，就是設下常人難以想像的高標準。優秀的運動隊伍會訂下這樣的標準，領先業界的企業也一樣。

沒有標準，成就不了偉大。

高到近乎不可能的標準，是高業績的第一法則！

我的公司每次舉辦講座時，全體員工都要依照一百六十二項評分標準，為講座進行檢核和評分。每位參加講座的學員也要填寫問卷，其中一部分是為參與的感受打分數，滿分五分。在大多數的活動中，所有參加者都一致給予五分。坦白說，看到時心情的確很好，直到我收到來自員工的評分為止……

雖然員工是以滿分為基準評分，但至今都尚未出現高於五分的分數。新進員工聽到這個分數時，通常都會感到困惑，不禁追問：「為什麼分數這麼低？」

還記得第一次辦講座結束時，我和員工一起開檢討會，我對他們提出一個觀念：「為這場活動打的分數，會決定我們未來要達成的目標。如果打七十分，我們就只有三十分的改善空間。換句話說，我們將來只能進步到目前的等級再加三十分了。」

他們的評分不僅是目前的分數，也是對自己未來的展望。他們相信自己的未來，所以才從來沒給講座超過五分的分數。

「我們應該能做得更好更多。只要大家發揮創意，繼續努力，一定能找到方法，舉辦比現在好上二十倍的講座。」對我這個顧問來說，最有趣的是他們分數雖低，士氣和紀律卻很高。像他們這樣的團體，我還真沒見過。

改善是永遠的。你要不斷改善你的做法，直到獲得想要的結果為止。

成功企業的方程式

身為經營顧問，我總是熱中於找出企業中的「會帶來不同的不同」。後來我發現，常保成功的企業都有一種固定模式。我稱之為**「成功企業的方程式」**，正是成功的藍圖。

如果提供更高的品質，會花很多錢嗎？答案是「會」，還是「不會」？這答案攸關你公司的未來。到底是哪一個呢？你是怎麼想的？希望你能仔細思考看看。

答案是「不會」。

提供更高品質的商品，其實比提供劣質品便宜。為何品質高反而會更便宜呢？雖然原因很多，不過最大原因是品質高的商品賣得好，數量大，能維持量產，不但製作流程穩定，處理客訴的成本也降低，更容易吸引新顧客。

對所有企業來說，要吸引新顧客是最花錢的項目，如果能省下這筆開銷，利潤自然會增加。

成功的企業都注意到這一點，因此方程式就誕生了。

首先，透過提高品質（Quality ＋）降低行銷和販售的成本（Cost －），使利潤

成功企業的方程式

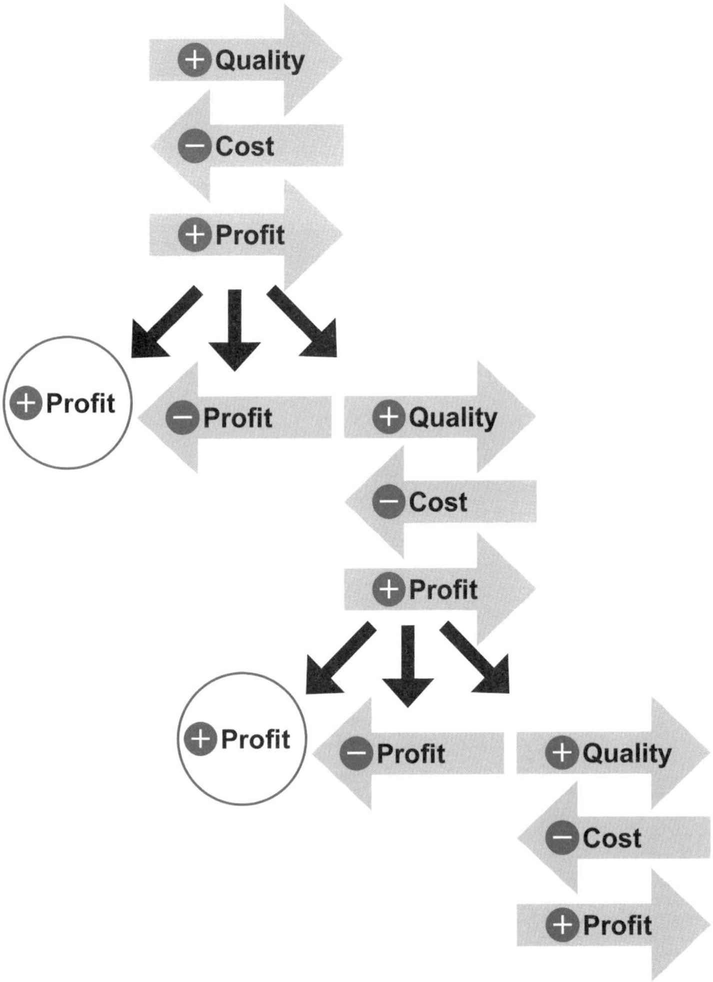

+ Quality
− Cost
+ Profit
+ Profit
− Profit
+ Quality
− Cost
+ Profit
+ Profit
− Profit
+ Quality
− Cost
+ Profit

連帶升高（Profit －）。

然後，成功的企業會以固定方式分配這些利潤。其中三分之一會繼續投資在改善品質上（Quality ＋）。還有三分之一會用來降低價格（Price －）。至於最後的三分之一則會分配給員工和股東，等於是真正的獲利（Profit ＋）。

這就是成功企業的方程式。

Quality ＋、Cost －、Profit －→ Quality ＋、Price －、Profit ＋。

我也推薦你的公司採用這套模式。改善正是一切成功的關鍵。

「恆常改善」的四個步驟

進行改善時是有步驟可以套用的。

改善的第一步，就是發揮五感。善用所有自己用來讀取資訊的管道（ＶＡＫＯＧ），判斷自己目前在做的事是否順利進行，是否已得到你想要的結果。

第二步，中斷你目前的模式。如果事情進展不順，你就要先退一步，客觀地審視這個狀況。

第三步，試著從根本改變自己的做法。沒錯，從根本改起！改變越徹底，就能越早改善和學習，用不同於以往的心情去做事。你可以聽取不同人的意見，在不同領域中尋找成果豐碩的新榜樣，嘗試改變計畫，改變目標，改變系統、流程或構造。

第四步，再次檢查是否進展順利，是否能滿足你的一切需求。

如果進行不順利，就要從根本改變做法！

改善的四個步驟

IMPROVE

4 確認新做法是否進行順利。

3 從根本改變做法。

2 中斷自己的模式。

1 確認目前做法是否進行順利。

在我的人生中，必須立刻改善的是……

我要透過以下這些事，從根本改變自己的做法……

在這一章學到的事

我在這一章學到的重點是什麼？

我做出什麼決斷？

我現在能馬上採取什麼行動？

第四部

領導力的槓桿效應

The Leverage of Leadership

STEP 9

讓別人參與自己的夢想（領導力）

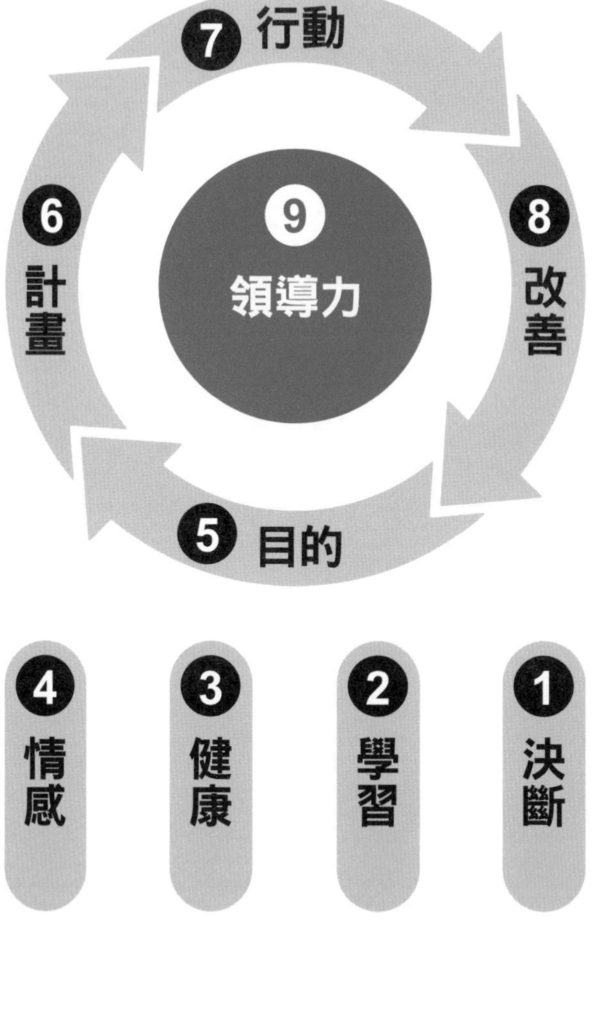

透過擁有「個人能力」，轉動「成功的循環」，你就能開始收穫豐碩成果。但光是這樣還不夠，因為人生中最大的成果，都要和別人合作才能入手。人際關係、團隊合作、架構組織皆是成就志業的推手，所以你必須發揮領導力。

讓別人參與自己的夢想

你已經充分掌握「個人能力」和「成功的循環」。透過前面八個步驟，想必你也開始建構自己理想人生的根基了。不過，還差一步，那就是領導力，讓別人參與自己夢想的能力。

有一次，我在東京品川跟《窮爸爸和富爸爸》作者羅勃特・清崎一起演講，主題是如何累積資產。羅伯特讓參加者進行一場十分有趣的演練，給參加者三份不動產資料，要他們利用午餐時間判斷哪個物件最值得投資。這裡出現一個問題，就是資料全是用英文寫的！

等我和羅伯特一起吃完午餐，回到演講會場時，羅伯特問：「有多少人看完資料了？」只有寥寥數人舉手。羅伯特見狀，就開始嚴厲訓斥：「你們連成功的希望都沒有。有誰是一看到英文資料就馬上放棄？」這次有很多人舉手。

「那我問你們，有哪些人會英文？」各角落有零星的人舉手。

「有多少人主動向你們求助？」他們默不作答。

羅伯特繼續說：「因為自己做不到就放棄，是人生的失敗者。成功者是即使自己做不到，也會去找能做到的人，尋求對方的協助和合作。」

換句話說，就是讓別人參與自己的夢想。

領導力，就是讓別人參與自己夢想的能力。

要讓別人參與自己的夢想，必須具備三種能力，包括：一、溝通，二、知人善任（能活用別人有而自己沒有的能力），三、架構組織（組成團隊，分配任務，一同進行大型計畫）。本書會把重點擺在溝通能力上。至於知人善任和架構組織的能力，則留到其他書中詳述。

成為溝通高手

溝通是人生中最重要的技能。然而，我卻發現為了學習有效溝通的方法，不知道花了多少時間。成功人生必備的溝通技巧，是學會如何和別人建立關係，理解別人，以及說服別人展開行動。但在我的學生時代沒有任何一節課教過這些人生最重要的技能。

溝通是事物的本質。人生中獲得的一切成果，都是靠溝通得來。我們不是和別人溝通，請別人做；就是和自己溝通，親自行動，只能二選一。如果少了溝通，什麼都無法開始。

溝通技巧，正是開啟夢想之門的鑰匙。對善於溝通的人來說，獲取金錢、地位、影響力、業績並非難事。然而，是否掌握溝通技巧，關係到的不只是業績和金錢，人生中所有最重要的事，全都脫離不了「人際關係」。

人類是社會的動物，所以「人際關係」關乎一切。

話雖如此，大多數人都只有非常有限的溝通工具。有人會溫柔地向對方搭話，不順利就改成命令口吻；也有人是先施加罪惡感，行不通就改以威嚇手段，總之選擇相當受限。事實上，如果一開始試了一兩個方法無效，幾乎所有人都會放棄溝通。

這樣的選擇範圍實在過於狹窄，所以我想大幅充實你的溝通工具箱。只要模仿世界上最具影響力的領導者常用的溝通工具，你就能學會增進**人際關係，理解力**

和說服力的方法了！這個過程很刺激，也很自由。它一定能改變你的人生，同時也會大大影響其他人的人生。

要成為領導者，必須專注於對方的成功！

一旦決心成為領導者，你就要設法改變焦點，不再只考慮自己的事，而是把注意力引導至別人的需求上。從成為領導者的那一刻起，就不再只是你個人的問題。所謂的領導力，是翻轉別人的人生。

我希望你起而行，成為一名領導者，一個能打破自己的界限，支援別人的成功，努力將不可能化為可能，以及當有人被其他人視如草芥時，能伸出援手關懷對方的人。只要學會本章的溝通技能，就能以前所未有的層次幫助別人。你會得到必要的工具，將別人面臨的問題，瞬間轉為正面的方向。

我第一次看到這些溝通工具時驚訝不已，還目睹一位恩師利用它引導某位在童年時遭到強暴，背負心理創傷達三十五年的女性，讓她在十分鐘內就完全拋開這個創傷。這就是溝通的力量！很多人進行溝通不是為了幫助別人，也有些領導者是為了滿足自身私利才試圖溝通。我們必須改變這個亂象才行。

這些技能可以運用致富，也可以實現夢想，都是你的權利，我也鼓勵你善用。但等你成功後，希望也能善用這些工具改變社會，幫助別人。我們一定要讓這世界變成更好的地方，所以我們必須為此學會強大的溝通技巧。

為什麼掌握溝通技巧對你的人生是必要的？為你帶來什麼好處？如果做不到，你的人生又會失去什麼？請寫下這些理由，讓自己產生動力！

我必須學會溝通技能的理由是……

親和力：迅速建立人際關係的秘訣

你應該有過和別人一見如故的經驗吧。如果是跟那個人，不用任何努力就能互相理解。如果我說，你每天都能體驗這種感覺呢？這是有可能的，而且不難。秘訣就在於**「親和力（Rapport）」**的溝通技巧。

你一定見識過這個技巧的威力。一進屋就能和所有人打成一片？德蕾莎修女、馬丁路德．金恩、約翰．甘迺迪、黛安娜王妃都可以，你也可以。這就是親和力的力量。首先，我要釐清定義。所謂的親和力，就是**能讓人敞開心胸進行溝通，互相影響的狀態**，僅此而已。

親和力，就是能敞開心胸進行溝通的狀態。

只要你敏銳觀察，就能感知自己是否能與他人建立信任關係。溝通時，我們必須了解自己和對方的關係正處於什麼狀態，因為在建立信任關係前，我們是完全無法影響對方的。那麼，親和力、信任關係從何而來？要怎樣和別人建立信任關係呢？現在就來學習吧！

到頭來，誰才是清醒的人？

假設我和你坐著聊天。我伸手像是要摸狗，還給狗餅乾，但狗看起來依然興致缺缺。這時我開始抱怨狗叫聲很吵，而你卻完全看不到哪裡有狗。

這裡出現巨大的矛盾。我們之中有一個人腦袋不正常。是看見根本不存在的狗的我（這稱為**陽性幻覺**〔Positive Hallucination〕），還是其實真有狗，卻深信狗不存在的你（這稱為**隱性幻覺**〔Negative Hallucination〕）？究竟哪一方有問題？正確的又是哪一方？

除了人類外，有很多動物的意識也很發達。不過根據以往的實驗數據顯示，能感覺到自己有意識的動物只有人類。這導致人類會出現幾個在其他動物身上看不到的問題。如果要說哪個問題最明顯，就是人類能觀察自己的意識，卻也能懷疑自己的意識，質疑五感收集來的資訊是否正確。其他動物就不會這麼做。

然而，人類因為知道自己有意識，所以忍不住想確認意識是否正確，想確定自己的五感有忠實反映現實，自己的知覺有正常運作。於是，人類為了達到這個目標，花了幾千年，不，甚至幾百萬年發展出複雜的社會結構。這結構就是信任關係的基礎。

回到剛才的問題。我和你誰是對的，沒人知道答案，所以我們必須仰賴別人的意見。我們可以叫幾個朋友進房間，如果他們全都看得見狗，我就是正確的。萬一我以外的人都看不見狗，他們就會把我帶去精神科。

總之，你的腦袋是否正常，問題就在於**你的經驗能否與他人相通**。如果別人和你的經驗是共通的，你就會相信五感帶來的資訊一切正常。這可以說是人類最深層的需求，每個人都拚命想得到他人的認同，所以只要遇到有人肯定自己的看法，無論對方是誰，我們都能跟對方建立關係。

只要有共通的人生經驗，不論跟誰都能建立人際關係。

「你認識田中嗎？」

「我只有聽說過他的一些事……」

「我和他同班四年。那惠子呢？」

「我知道她，是個大美人呢。」

只要我們讓對方知道雙方有共通的知識和經驗，對方就能馬上敞開心胸，跟我們進行溝通，建立起有效的關係。許多文獻中都曾提到，對別人的興趣表示好奇，是建立信任關係的方法之一。不過溝通高手會用更迅速、更優雅的方式建立信任關係。

共通點是人際關係的關鍵

和別人建立信任關係的方法多不勝數。你只要透過某種方式，找到和對方共通的想法或經驗就能辦到。畢竟每個人都想和別人建立信任關係，確認自己的知覺是否正常，所以哪怕只是和對方稍微同調，都能打開溝通的大門。

這並非操縱人心的手段，而是要進入對方的現實，用對方看世界的方式看世界，用對方感受的方式去感受，用對方聆聽的方式去聆聽，藉此貼近對方的內心。

信任關係就是能體貼對方，進入對方的世界。

那麼，具體來說要怎麼做呢？首先要知道你平常就在和周圍的人建立信任關係，現在也一樣。不管是誰，你的潛意識都知道如何建立信任關係。如果你想敞開心胸進行溝通，就會提出共通話題或尋找和對方共通的經驗。

建立信任關係的關鍵，在於思考「要和這個人共享什麼？」如果是雙方都關注的話題或興趣是最理想的。但如果沒有共通的關注主題，也可以用共通語言。人類在敘述自己的人生經驗時，習慣用對自己極為重要的特殊語詞，如果使用和對方相同的語詞，就能將溝通導向成功。只要你細心聆聽，應該就能從對話中擷取對方重視的語詞。

「不會吧，太有趣了……」

「好強喔，帥斃了。」

「有夠讚的。」

「講真的？」

像這樣的措辭，會像扣板機一樣觸發對方特定的情感。如果運用在對話中，就能輕易建立信任關係。你去聽聽年輕人的對話（對青少年而言，和同儕建立信任關係就是一切），有多少互通的「流行語」，側耳傾聽就能知道。

穿同樣風格的服裝，也有助建立信任關係。為什麼日本上班族要穿同樣的套裝、繫同樣的領帶？因為在擠了一億三千萬人的狹窄島國中，保持信任關係是絕對必要的。所有能彼此共享的事物，都是建立信任關係的基礎。

信任關係上級篇

不論是無意還是刻意，溝通高手都知道這些技巧並活用。但事實上，我們還有更優雅精緻的方法建立信任關係。例如，配合對方說話的節奏，在建立信任關係時就很有用。人類會用不同的方法，以不同的速度處理資訊，所以當你配合對方的步調和思考過程，就代表你和對方同處一個世界。

如果對方主要集中在**視覺資訊**（V）上，就以訴求視覺的方式進行溝通。如果對方集中在**聽覺資訊**（A）上，就配合對方使用聽覺。如果對方重視**觸覺資訊**（K），就可以運用觸覺。

假設你是業務，要為客戶簡報，整理的資料有圖表、插畫，色彩豐富且吸睛，你使出渾身解數、充滿活力展示，但客戶卻興致缺缺，到底哪裡不好？是你和客戶沒有建立信任關係。如果客戶是「觸覺型」呢？就是靠碰觸理解周遭世界的人，他的思考基本單位是情感、心情，你訴諸視覺的簡報對他起不了作用！

要賣東西給「觸覺型」的人，你要**「讓他觸摸」**，並說明這項商品做得多「牢靠」，針對商品本身及製作的公司描述你的「感覺」，幫助客戶「實際體會」商品功能，說明當時的「感觸」。

要賣東西給「視覺型」的人，讓對方「看到」商品並確認是否符合他的「想像」，以**「看得見」**的形式呈現，「展示」有哪些優點足以勝過他牌產品。

要賣東西給「聽覺型」的人，首先要**「講解」**商品特性，如果能配合簡報播放音樂也不錯。總之，讓他們「聽」你說話。如果你能配合對方**主要的資訊讀取模**

式，就能馬上建立深厚的信任關係。

要讓對方去看、去聽、去感受商品。

了解對方的想法

怎樣知道對方主要的資訊讀取模式（VAK）？第一個線索就是對方**常用的語詞**。

「視覺型」會用視覺相關的語詞。

「可以『想像』我說的內容嗎？要我『描述』得更明確嗎？」

「聽覺型」會用聽覺相關的語詞。

「你的話，我『聽』得很清楚。我覺得我們的團隊氣氛非常『和諧』。」

「觸覺型」會用觸覺或感覺相關的語詞。

「我覺得有點『滯塞』。你說的內容，我都能清楚『掌握』。感覺很『貼切』。」

當然每個人在生活中都會用到這三種模式，就算常用其中一種也不代表其他兩種就不會用。「視覺型」也會聆聽和感受，「觸覺型」也會在腦中描繪畫面。我想強調的是，人類往往會集中使用某一種模式，如果想建立信任關係，用對方偏好的溝通模式會更容易。

使用對方偏好的溝通模式，更容易進行溝通。

想知道對方主要的資訊讀取模式，還有一個線索可用，就是對方說話的速度。

「視覺型」思考的基本單位是**圖像**。雖然俗話說「百聞不如一見」，但要用圖像的速度說話，其實非常困難，讓「視覺型」總是處於追趕狀態。當他們還在說明腦中形成的圖像時，下個圖像就浮現，導致講話速度很快。如果有人講話像連珠炮，想必腦中一定是在畫圖。

「聽覺型」的講話節奏通常很平均。他們在腦中聽到**言語**，再用同樣的速度說出口。這型人說話快慢適中，容易聽懂。

「觸覺型」講話通常慢條斯理。畢竟只用言語表達人類所有情感是不可能的，所以思考基本單位是情感的人必須邊說邊想合適的語詞，導致說話變得很慢。

歷史上很多科學家和數學家都曾被老師認定為愚鈍的學生，但他們其實擁有更優秀的「感性」，比我們更能直覺地掌握宇宙間的相互關係，當愛因斯坦思考「如果乘坐在光線的尖端，會是什麼感覺」時，就提出了相對論。

不因對方用的溝通模式和自己不同，就把對方當傻瓜！

和群體建立關係

和群體進行溝通時，你需要更純熟的技巧。假如你要為客戶公司的董事會講解商品，你會用哪種模式做簡報？答案當然是VAK（視覺、聽覺、觸覺）全用。向對方展示商品，講解商品特性，再讓對方碰觸商品，實際感受。這樣所有人都能獲得必要資訊，決定是否購買。歸根究柢，信任關係就是用對方需要的溝通方式，試圖和對方溝通。

馬丁路德．金恩的著名演說〈我有一個夢想〉，VAK（視覺、聽覺、觸覺）比例十分完美，值得參考。

「當我們敲響自由之鐘，鐘聲響徹所有村莊和田地，旋律迴盪每個州郡和市鎮時，所有上帝的子民，包括白人和黑人，猶太人和異教徒，基督徒和天主教徒，大家能一起手牽手，詠唱那首古老黑人靈歌的日子，就能早點到來。我們會高唱：『自由了，終於自由了。全知全能的神啊，感謝您，我們終於獲得自由』。」

「自由」是情感（K）。「敲響鐘」和「唱歌」是聲音（A）。村莊、水田，黑人和白人，是想像畫面的視覺（V）。那場演說撼動世界，溝通的力量是從強大的信任關係中產生，而信任關係來自VAK。

和群體進行溝通時，要將三種方法（VAK）全部用上。

肢體語言是內心的鏡子

另一個建立信任關係的有效方法，就是和對方使用共同的**肢體語言**、姿勢、表情和動作。你能給對方最好的擁抱，就是對方給你的擁抱。正因如此，舞蹈才會在歷史上的所有文化占有一席之地。我們跳舞時，會用相同的舞步、節奏和擺動方式，這樣可以建立起信任關係。當整個群體一起跳舞，就會產生相互連結的真實感，創造團結氣氛。

我曾在講座的舞台上，做過讓所有學員大笑的小實驗。我把兩名學員叫上台，面對面坐下，針對選擇的話題交談，不到三十秒，他們的坐姿、拿麥克風的角度、姿勢、呼吸的節奏完全一致。觀眾看到這幅景象全都笑了。這種模仿對方如何運用身體的技巧，稱為**「相配（Matching）和鏡射（Mirroring）」**。當你想和對方相談甚歡時，可以發揮驚人成果。

人類總會不斷試著建立信任關係，而你已經知道方法，只要意識到自己下意識做的事，就能隨心所欲建立信任關係。如果你刻意充實工具箱，擁有更多讀取資訊的道具，當彼此關係變差或初次見面時，就能迅速又優雅地建立起信任關係。

你能給別人最棒的擁抱，就是對方給你的擁抱。

和上千人建立信任關係的神技

只要稍微思考，你能想出幾百個方法建立信任關係，打開溝通管道。想要最直接的共通經驗，一起做事是最好的。試想，當你走進有成千上百人的場合，就能馬上和所有人建立信任關係，會是什麼感覺？歷史上優秀領導者的秘密就在這裡。

你和所有人都必有一個共通之處，所以能立刻引起共鳴，這個共通點是什麼？就是你遇到的每個人都希望自己成功和幸福，只要你也希望對方成功和幸福，就能馬上和對方共享經驗和部分的現實，建立起信任關係。

如果業務員不再推銷商品，而是開始專心和客人打好關係，要把營業額提升兩倍到三倍易如反掌。關鍵是把注意力放在滿足顧客需求上，只賣商品的時代已經結束，現在要進入為客人提供問題解決方案的時代。

為對方著想，是信任關係的終極技巧。

如何向對方展現你重視他的態度？怎樣才能讓對方知道你會優先考慮他的成功和幸福？

我會用以下方式展現對別人深切的關懷……

效果顯著的傾聽和提問技巧

一旦建立信任關係，營造敞開心胸進行溝通的狀態，接著領導者必須做的，就是要發自內心深入理解對方。

不久前，我指導一個企業家團體，他們討論要如何提高品質和改革組織。當時有位能幹的女老闆請教我，她和某位經理的相處之道，經理個人業績很高，對顧客服務很周到，但問題出在他完全沒做好經理職務。她說：「我希望他能成功。如果他不能勝任經理，人生將一敗塗地。」

我回她：「問題是，妳把自己對成功的定義放在他身上，**妳應該先理解他的夢想，不該只想著為他好，而是理解他希望怎麼做。**」

這種問題經常發生在企業家和父母身上，我們總以為大家對成功的定義一定相同，但這是不可能的。若想讓其他人聽進自己的建議，你也必須傾聽對方的想法才行。

希望別人聽進自己的建議，就要傾聽對方的想法。

具體上該怎麼做才能深入理解別人的狀況、需求和願望？為了幫你加深理解，介紹適用各種狀況的五種工具。

加深理解的五種工具

1. 轉換方向
2. 明確語言模式
3. 釐清定義的提問
4. 診斷用的提問
5. 設身處地

增加自己能使用的工具就是成功的秘訣，一旦學會這五種工具，必定會為你的一切人際關係帶來革命性影響。

轉換方向，讓對方自己說

想理解對方，就必須聽對方的說法。不管何時何地，都是同樣道理。但很多時候，對方只聽我們說或要我們離開，剝奪我們「聆聽」的機會。轉換方向，就是用來打破這種困境，效果強大的溝通道具。轉換方向就是在對方質問或要求行動時，用自己的問題來回答。

轉換方向，就是用提問來回答問題。

這是自然的事，當有人問我們問題時，得先收集必要資訊才能回答。舉個例子，假設客戶說：「請寫份企劃書來。」幾乎所有人當下都會開心地想：「太好了！客戶想看企劃書。」然後馬上開始推敲客戶真正想要的東西。

他們猜想專案的規模和範圍、截止日、預算，最後再把臆測彙整的企劃書提交給客戶。如果拿不到訂單就歸咎在商品開發、製造部門或經濟狀況，然而真正的問題，其實在於推測。

不要擅自推測！

當客戶要求看企劃書時，為了因應客戶真正的需求，我們必須先理解什麼？針對這點思考，就會馬上浮現該問的問題才對。

幾年前，我為一家世界最大的顧問公司工作，擔任日本分公司的負責人。某天有位新進員工跟我說：「有位客戶要我提出企劃書，所以我想借助您寶貴的經驗，請問我應該在企劃書中放入哪些內容？」我回答他：「我不知道，去問你的客戶如何？」大家都太害怕「客戶」，好像把客戶當成危險動物，而非活生生的人類。但事實上，客戶和所有人類一樣，希望有人能理解自己。

「我很榮幸能為您提出企劃書。為了避免耽誤您寶貴的時間，我想在企劃書中放入您做決定時需要的資訊，請問您需要了解這項商品的哪些內容呢？」

「我希望能確實滿足您的需求。請問您已經決定這項專案的預算範圍了嗎？」

「請問您做出決定的期限是何時？」

「請問這個交易的最終決定權是哪幾位？如果想滿足他們的需求，企劃書有哪些地方需要特別留意？」

「企劃書的內容要簡潔一點，還是要越詳細越好？」

「關於企劃書的提交方式，要用電子郵件，還是郵寄比較好？」

「需要我另外安排時間，為您解說企劃書的內容嗎？」

這一點在面對戀人時也一樣。

「我很樂意表達自己的心情，但我現在更在意你的想法。我希望你能感覺到我是真的愛你，也很想滿足你的需求。我該怎麼做，才能讓你有受重視的感覺呢？」

在這裡，有個重要的原則要切記！「不知道的時候，就問！」

不知道的時候，就問！

奇蹟的道具：用「明確語言模式」提高理解度

理解後，還必須正確地進行溝通。但很多時候，會因為我們表達的方式不對，在溝通中引發許多問題。NLP創始人約翰．格林德和李察．班德勒曾提出提高溝通正確性的強大工具，稱為「明確語言模式」（Precision model）。這個工具經過許多溝通專家的運用和改善，逐步發展成發揮神效的工具，一旦完全掌握這個模型，你就能讓不正確的溝通立刻變正確，體驗更多奇蹟。

「明確語言模式」能幫助我們釐清溝通中缺漏的並馬上填補空白。這套模型包含的簡單提問，可以在僅僅數分鐘內為某人的人生帶來重大改變。明確是有力量的，真實也是。在我們的溝通中，最大的工具就是真實，而「明確語言模式」是我們快速到達這個真理的手段。

溝通中最大的工具，就是真實。

「明確語言模式」完成度最高的版本，由八個要素組成。

1. 太過〇〇（缺少比較）
2. 沒有內容的名詞（缺少事物）
3. 沒有內容的動詞（缺少動作）
4. 應當、不該、必須、不可、不能（缺少結果）
5. 總是、所有、大家（缺少例外）
6. 是這個，還是那個？（缺少選項）
7. 不知道（缺少意見）
8. 話只說一半（缺少資訊）

1. 太過〇〇（缺少比較）

「明確語言模式」基本上是從「缺少什麼」的提問開始。

舉個例子，假如顧客說：「你們公司的產品太貴了！」思考這句話「缺少的資訊是什麼」「有什麼話沒說」是很重要的。

該問的是「缺少的資訊是什麼」。

「太貴了」代表比較，缺少的資訊是比較的對象是什麼。這時你要透過回答引導更正確的溝通：「請問是拿什麼做比較？」

我的重要工作之一是指導企業家提高業績。某位潛在客戶曾對我說：

「你的指導費太貴了。」

我馬上回答：

「請問您是拿什麼做比較？如果是和沒有實際成果的講師相比，我的指導費乍看之下的確很貴。不過，如果是和大型顧問公司的顧問費相比，應該馬上能看出我的指導費算是相當便宜了。我朋友在大型顧問公司工作，他說十億日圓以下的專案不會列入，重點是這筆業績和需投入的花費相比，根本算不了什麼不是嗎？」

後來這位客戶當天就簽了一年的指導合約。

太過○○＝拿什麼做比較？

2.沒有內容的名詞（缺少事物）

名詞是指稱事物，但我們有個壞習慣，就是會使用完全沒指稱事物的名詞，我稱為「沒有內容的名詞」。假設有朋友說：

「我最討厭宗教了。」

你會產生錯覺，以為這句話有某種意義，但實際上你們根本沒在溝通，因為「宗教」並非指稱這世上實際存在的「事物」。你要用提問進一步追求正確性。

「你是指某個宗教團體的某種行為嗎？」

你朋友答：

「我討厭只因為信仰不同就互相殘殺的印度教教徒和伊斯蘭教教徒。」

這樣的溝通才算正確，因為印度教教徒和伊斯蘭教教徒是實際存在的一群人，我們就能理解實際的問題，並以解決為目標，開始進行對話。

沒有內容的名詞＝誰、哪個、什麼，具體是？

3.沒有內容的動詞（缺少動作）

動詞是指稱行為或動作，但很多案例用的都是完全不含行為和動作的「虛有其表的動詞」，讓溝通充滿曖昧與錯誤。行為是肉眼可見的，所以動詞必須指稱現實世界存在的動作。

「本公司內部溝通不良，使製造過程出現重大問題。」

這裡又給人溝通的錯覺但其實沒有「溝通」的動作，「出現問題」也不是具體的行為或動作。你完全不知道實際發生什麼事，只覺得霧裡看花，這種敷衍的障眼法會打著溝通的名義到處橫行。幾乎所有管理者和營業員，這時都會急著找辦法解決吧。

「我們要舉辦溝通研習，請大家想出能促進溝通改善的口號！」

做這種事根本派不上用場，讓溝通正確進行才是第一要務。

「您說貴公司內部沒在溝通，可以具體描述目前面臨哪些跟製造有關的問題嗎？」

「行銷部沒有把預測需求的數據交給製造部，導致過去六個月內庫存不足的件數增加了兩成。」

這樣才是正確的溝通，我們才能找到實際解決問題的方法。

沒有內容的動詞＝什麼、怎樣，具體是？

4. 應當、不該、必須、不可、不能（缺少結果）

應當、不該、必須、不可、不能……這些在日常對話中習以為常，應該不曾產生疑問吧。「週四不能去」「你不該做那件事」「非做不可」……其中缺少什麼？就是當你實際去做時，會得到什麼結果。

「我不能辭職。」

「如果真的辭職，你會怎樣？」

「那就必須找新工作……」

「這代表……」

「嗯，就是有機會找到真正想做的工作了。」

應當、不該、必須、不可、不能＝如果這麼做、不這麼做，會怎樣？

5. 總是、所有、大家（缺少例外）

很多人習慣用「總是」「所有」「大家」等斷言。

「我總是失敗。」

「所有政治家都腐敗到極點。」

「大家都這麼說。」

這種說法不正確，缺少什麼？

是例外。如果要正確，就必須明確說出有什麼例外。

「總是嗎？」

「所有政治家嗎？」

「大家嗎？」

當你面對「總是、所有、大家」等斷言時，一定要提出疑問，才能更正確地理解。

總是、所有、大家＝總是嗎？所有嗎？大家嗎？

6. 是這個，還是那個？（缺少選項）

所謂二分法，就是把選項侷限在兩個，只能擇一。「是這個，還是那個」就屬於這類型。

「如果不拿到這個客戶，就會被炒魷魚。」

「如果不向A公司買，就要向B公司買。」

「如果不能挽回她，我的人生就完了。」

這種話雖然常見，但與實情相距甚遠。二分法是錯誤的選擇，缺的正是其他選項。就算你沒察覺，也一定還有其他選項。

「你能想到其他的可能性嗎？」

「如果在自家公司製造呢？」

「難道沒有其他能考慮的選項嗎？」

是這個，還是那個＝有其他可能性、選項嗎？能考慮○○嗎？

7. 不知道（缺少意見）

「不知道。」

「我不知道該怎麼做才好。」

「我真的不知道。」

由於我們並非全知全能，所以「不知道」聽起來很合理。然而，這句話其實是假的，其中缺少的就是你的意見、信念和想法。**說出「不知道」，等於創造可以隱瞞個人意見的情境。**

「我不知道該怎麼做才好。」

「如果知道的話，你覺得該做什麼呢？」

「這個嘛，應該去找對方道歉吧。」

根據我擔任經營顧問的經驗，只要像這樣反問客戶，客戶通常就會自己回答，可以說屢試不爽。

不知道＝如果知道，你會怎麼想、怎麼想像？你會怎麼推測、有什麼可能性？如果順利會怎樣、不順利會怎樣？

8. 話只說一半（缺少資訊）

有時我們無法確認溝通中缺少的資訊，你隱約感覺對方有更多話想說但還沒說出口，這時可以用簡單的回應來問出後續。

「然後……」

「比方說……」

「但是……」

「也就是說……」

「你是指……」

這幾句話都非常有用，你只要真心誠意抱著理解對方的心情就好。

話只說一半＝然後……比方說……但是……也就是說……

感受「明確語言模式」的威力！

透過以下範例，一起感受「明確語言模式」的威力。

「我的人生根本一團糟。」

「具體來說是哪裡糟……」

「我被女友拋棄，數學又不及格……一切都完了。」

「一切？你都沒有表現好的地方嗎？」

「呃，足球表現還不錯。不過，我依舊不知道怎麼面對珍。」

「要是知道，你覺得怎麼做比較好？」

「我不知道。」

「也是。不過，假如你知道，會怎麼做？」

「這個嘛……我大概會為前一晚的事跟她道歉吧。」

「然後呢……」

「嗯……如果她願意原諒我是最好的，但要是行不通，就只能另結新歡。

可是，我也不能剛分手就馬上交新女友吧。」

「如果馬上另結新歡會怎樣？」

「會被別人討厭吧。」

「你所謂的別人，具體來說是哪些人……」

「聽你這麼說，好像也有道理。如果是真正的朋友，應該不管發生什麼事，都會站在我這一邊吧。」

用「釐清定義的提問」防止誤解

你遇到的每個人都有各自的人生經驗，會透過名為經驗的眼鏡觀察和解釋周遭世界。他們成長於不同的環境和社會背景，生活在使用不同言語模式的人群中，導致他們跟你說的話即使一樣，意思卻不盡相同。辭典上記載的語詞定義在現實中幾乎沒有意義，所以別人如何定義這些詞語，正是問題所在。

別人如何定義這些語詞，是問題所在。

要共享所有語詞的定義是天方夜譚。不過要幫溝通過程中會用到的關鍵詞（最容易招致誤解或對結果影響最大的語詞）釐清定義，還是辦得到的，而且能防止許多誤解，大幅改善溝通品質。

幾年前，我擔任一家國際性大型證券公司顧問，它強調的概念之一是「分散投資」，但問題就出在公司和客戶的定義不一定相同。

「我想改善分散投資的策略。」

「很好啊，這是我們的專長。」

當然這位營業員對顧客真正的需求，其實一無所知，但他可以透過釐清定義的提問，以簡單又自然的方式解決問題。

「我想改善分散投資的策略……」

「我們樂意協助，不過每個人對『分散投資』定義不盡相同，可以請您具體說明如何定義它的？」

「好的，就是讓投資內容更多樣化。我買了幾張股票，但每張都是科技概念股，有點不放心，想再看看有沒有醫藥相關或航運類的潛力股……」

這樣要因應客戶的真正需求就容易多了。所謂「釐清定義的提問」就是詢問對方如何定義重要的詞彙和語句。

透過「診斷用的提問」了解需求

我們溝通的目的是解決問題或做出決定，但解決問題時必須先確認需要解決的究竟是什麼問題。為了確認眼前的問題，必須回答兩個問題，一個是你想達到的目標，另一個是什麼會妨礙你實現這個目標。

你的目標是什麼？有什麼會妨礙你？

這兩個問題聽來理所當然，但在尚未充分釐清問題前，就急著開會討論解決對策的例子卻多到令人咋舌，這無疑是最大的資源浪費。

你真正想要的是什麼？想得到什麼結果？必須達成什麼目的？為什麼想要這樣？得到答案後，再具體找出讓你無法實現目標的障礙。只要做好問題診斷，要開處方就容易多了。例如有顧客抱怨你公司的商品和服務時：

「我受夠了。你們的產品真是爛透了。」

「我很希望能幫上忙。可以具體告訴我是哪方面的問題呢？」

「就是不能動啊。」

「原來如此，我想問題應該可以解決。可以請您再告訴我是哪裡不能動？」

「夠了，把錢還我就是了。」

「我了解您的心情。如果商品不能運作，我們當然會退錢。但我擔心就算退錢，您的問題還是無法解決。可以告訴我，您期望的結果是什麼？怎樣才算真正解決您的問題？」

「就是讓這個商品能動。」

「我知道了。請問產品目前是什麼狀況？」

「就是按下電源後，一點動靜也沒有。」

「我來確認什麼地方故障了。如果我沒記錯，這個產品是裝好電池才出貨的，請問您有確認裡面是否有裝電池嗎？」

「我看一下……沒裝電池啊。」

「這應該就是原因，需要我馬上寄電池給您？還是您要自行購買？」

「不用了，我有電池。」

「很抱歉給您添麻煩，我會請相關部門重新檢討電池安裝的部分，遇到這種問題的客人可能不只您一個。」

「設身處地」：通往心靈的道路

我至今教過的加深理解技巧中，就屬「**設身處地**」的效果最佳。設身處地原是強大的諮商技巧，精神科醫生常用來處理病患的各種問題。不過優秀的領導者、父母、營業員等成功者們，也幾乎天天使用，這方法很容易，只要你有心想了解對方，自然就會。

設身處地的目的有兩個，一個是確認自己理解的多寡，一個是表示自己理解對方。只要你沒有追求私利、操控他人的企圖，而是真正想了解對方，就一定會設身處地。技巧很簡單，只要把對方想表達的內容以及其中包含的心情，用自己的話重說一遍即可。

設身處地，就是用自己的話說出對方想表達的內容和情感。

設身處地的關鍵，就是聽對方說。這裡的「聽」，不是只用耳朵聽就好，有趣的是，「**聽**」是由「**耳**」「**目**」「**心**」所組成。溝通專家表示，在我們的溝通中，言語比例只占七％，聲音和抑揚頓挫占二十三％，其餘近七十％則透過動作、表情等肢體語言傳達。

你一定看過憤怒的人，為何知道他們生氣？因為他們大吼大叫、握緊拳頭、面紅耳赤，這些動作遠比言語更能表現怒意。只要你解讀肢體語言，觀察表情變化，用心去聽對方真正的意圖，一定能打開全新的溝通大門。

設身處地的秘訣，就是透過耳、目和心去聽。

這個技巧很簡單，只要用自己的話把對方的話和感覺重說一遍即可。不要夾帶個人的判斷妄加解釋，也不能有理解以外的目的。這麼做有多重要，套入自己的家人想想就知道。

「離婚吧。我們走不下去了。」

「我們的關係讓妳感到挫折吧。」

「因為你根本就不愛我！」

「妳是說，我的心意沒有傳達給妳嗎？」

「你說愛我，但總是只顧工作，我真的很寂寞。」

「妳希望我們能多一點時間相處嗎……」

「沒錯。你連生日的時候都不在，孩子的棒球比賽你也沒去。」

「妳希望我更重視家人，為特別的日子排出時間吧。」

「你願意這麼做嗎？」

「嗯，我答應妳。我最近也覺得自己太忙於工作。我愛妳和孩子，也想和你們有更多時間相處。畢竟對我來說，妳們都是我的寶貝啊。」

「我很高興你願意聽我說。你果然是個好老公。」

這些技巧都需要練習，但一定是值得的。想要成功，就必須正確地理解，對問題和課題有充分理解後，要解決就很容易。希望你從今天開始練習，可以跟朋友進行角色扮演，或在公司例行會議等風險較低的場合。一旦做了和以往不同的事，就能得到和以往不同的結果。

說服，是更高層次的溝通

領導者終究要成為說服高手，說服技巧是通往成功的關鍵。如果想以更高層次實現夢想，是不可或缺的一環，說服技巧的方法百百種，但大部分都是用來操縱別人，無法發揮強大效果。

說服不是操縱，也沒有強制力。說服是促使別人參與自己夢想的技巧，是用來引導別人走上對他們有利可圖的道路。人們樂意追隨優秀領導者，不單是因為領袖真心重視他們，更重要的是彼此有共同願景，是為自己而追隨！

說服的最佳形式，就是和對方有共同目標，獲得對方由衷支持，並邀請對方參與對彼此都極為重要的計畫。

用「快樂和痛苦」的提問掌握動機

每個人都是基於相同的動機行動，就是追求快樂、逃避痛苦。只要知道對方在逃避什麼痛苦，追求什麼快樂，就能給予更高層次的動機，遠勝虛有其表的花招，是最基本的說服技巧，且選項不只一個。

關於痛苦的提問，如以下所列：

1. 在○○的情況下，會發生什麼事？
2. ○○會從你身上奪走什麼？
3. ○○會讓你產生什麼心情？
4. ○○需要的花費是多少？

關於快樂的提問，如以下所列：

1. ○○能為你帶來什麼？
2. 如果有○○，你會是什麼心情？
3. ○○會帶來什麼利益？
4. ○○會使什麼成為可能？

假設你是顧問，客戶有溝通方面的問題，你的工作是讓客戶產生動機，採取具體行動，解決那個問題。這時可能會有以下對話。我們先從關於痛苦的提問開始。

「具體來說，你的員工在溝通上出了什麼問題？」

「行銷部沒把預測銷售量的數據交給製造部。」

「那麼，如果行銷部不把數據交給製造部，會發生什麼事？」

「製造部遇上突發狀況，導致庫存不足。」

「那麼，如果庫存不足，會發生什麼事？」

「顧客的需求得不到滿足。」

「如果顧客長期感到不滿，會令公司蒙受什麼損失？」

「銷售額下降，利潤減少。」

「如果銷售額下降，利潤減少，最終的成本和代價會是什麼？」

「就是我會被解僱。」

你的顧客應該感覺到自己有充分的動機了，此時，我們再試著加上關於快樂的提問。

「如果我們實行計畫，解決這個問題，會為貴公司帶來什麼可能性？」

「這個嘛，應該就能避免庫存不足的情況發生了。」

「那麼，如果能預防庫存不足的現象，會為貴公司帶來什麼好處？」

「獲利會增加，顧客的滿意度也會上升。」

「原來如此。那獲利一旦提高，又會為你帶來什麼好處呢？」

「至少確定獎金一定會變多。」

人類要採取行動，必須有非常個人的理由，而我們能透過「快樂與痛苦的提問」，迅速找出那些理由。

換個框，意義就會改變

我的興趣之一是收集藝術品，尤其是繪畫，同一張畫只要換上不同的畫框，看起來就截然不同。如果裱上繁複金框就有古典感，如果換成簡約黑框就多了現代感。這個道理也適用在溝通上，溝通的所有過程都在某種背景、情境或框架中進行，而這些對溝通的意義和解釋會有很大的影響。

透過改變外框，即使溝通內容不變，得到的結果依然不同，甚至會有戲劇性變化。所謂的框架（framing）技巧，就是在溝通內容和情況不變的前提下，改變溝通內容和情況的意義。

所謂框架，就是溝通的內容不變，只讓意義改變。

有兩個代表性的框架技巧，能幫助你掌控事件和狀況的意義，一個是「**預設框架**（preframing）」，另一個是「**重設框架**（reframing）」。不論遇到哪種情況，這兩個技巧都能派上用場。

用「預設框架」取得先機

所謂「預設框架」，就是事先定下溝通和事件的意義，「預設框架」可以影響對方的焦點或是得到的結果，並且引導對方，讓它在對方心中變得更有意義。例如我在你看電影前跟你說：

「這部電影的化妝特效真的很棒，看來化妝師非常敬業呢。」

聽了這句話後，你看電影時應該從第一幕就開始注意化妝特效吧。你以前可能從未注意過，現在卻突然好奇了，因為這件事已經被「預設框架」，也就是這件事的意義被事先設定了。

在老闆準備演說前，如果你先對員工說：

「今天的演講非常重要。講完後會舉行測驗，測驗結果會決定今年獎金的一半。」

下一秒，這件事的意義就發生劇烈變化。溝通的內容、老闆實際演說的內容都沒有改變，意義卻完全變了。「預設框架」是人人都能隨時使用的技巧。

用「重設框架」正向轉換

所謂「重設框架」，就是別人已經對事件或溝通內容賦予某種解釋和意義，你再改變該事件或溝通的意義。優秀領導者會「重設框架」，幫助人們正面解讀某件事。**關鍵是無論面對什麼困境，都要找到朝夢想和目的展開行動的框架。**

甘地住在南非時，當時的總督施行歧視印度人的法案，讓當地印度人非常反感。他們召開區域會議時不斷有人怒吼：「殺了官員！這樣他們就會再想一下，看要不要施行那種法案了！」當時情況危急，隨時可能爆發流血衝突。此時，甘地毅然為這個狀況重設框架。

「我希望各位能挺身戰鬥，但不是去激起對方的怒火，而是要馴服他們。」

他的「重設框架」改變了歷史。如果你關心的人成了裁員的對象，可以用以下說法為這個情況重設框架。

「這不是很好嗎？這樣你就能開始做長年以來一直想做的事業了。」

如果你的上司總是責罵你，也可以為這個情況賦予新的意義。

「看來他真的很為我著想，對我做的每件事都非常關注呢。」

如果有強大的競爭對手進軍你的業界，也可以用以下的說法「重設框架」。

「他們會迫使我們提升到更高的層次。這是一個能帶來成長的絕佳機會。」

英國首相邱吉爾在廣播演講中，把倫敦大轟炸稱為「英國最好的時候」。這是為國民進行強力的「重設框架」，後來這句話改變了戰爭的走向。

當然在你進行「重設框架」時說的話，都要看當時的情況和相關者的情緒而定，你可以有更優雅更簡潔的做法。重點是你要從事件中找出正面的意義和解釋。

連貫性：真正想說的是什麼？

威力最強的溝通工具，就是「**連貫性**」。溝通的「連貫性」是指措辭、聲調、抑揚、舉止、態度和行動上，都必須傳達出相同的訊息。其中聲音和肢體語言又有極為重要的意義。

請試著想像優秀的領導者，你腦中浮現的一定是有連貫性的人。當我們判斷是否信任某人時，連貫性是最重要的依據，缺乏連貫性的人是沒有人會相信的。

連貫性，是判斷一個人是否值得信任的重要依據

當你把工作交給員工，問對方：「你能做這份工作吧……」如果員工低頭遲疑片刻才小聲回：「我、我、我能……」你會覺得他能完成嗎？應該不會。因為沒有連貫性，在員工可以做出有連貫性的回答前，你必須重問幾遍或針對他沒自信的部分給予建議。

想讓別人心服口服，就需要徹底的連貫性。如果你全身的細胞都相信你要傳達的訊息，別人也會相信你。人們會立刻看出你是否相信自己，這點很重要，是領導力的基礎。

說服的秘訣：關注對方！

前述的技巧和手法都有強大效果，但和我稱為「**說服的超級秘訣**」相比，依然望塵莫及，歷史上所有優秀領導者和商人都曾從中受惠。秘訣是：如果你希望別人採取行動，就必須在進行說明時，把那個行動置換成對方的需求和欲求。

這個概念和企業提供的服務也有密切關係。第一次遇到麗思卡爾頓酒店集團創辦人霍斯特・舒爾茲時，他曾對我說：「這個城市也有其他飯店，裡面有房間、食物、飲料，但我們不是做這種生意的，我們從事的是服務業，就這麼簡單。」

服務是什麼？就是不為自己而為對方行動。能做到這點的企業自然生意興隆，忘了顧客的企業最終會落得被淘汰的下場。

說服的秘訣，就是必須配合對方的需求和欲求。

每個人都想得到自己想要的東西。若想如願以償，最簡單的方法就是展現願意幫助對方的態度，只要做到這點，就能輕易讓對方採取行動。如果讓對方如願以償的方法，正巧能與你的目的結合，那更是錦上添花。當你能由衷地希望對方成功，得到想要的結果時，你就是領導者。此外，一旦和對方有共同目標和夢想，你就能以此為基礎，建立能創造優秀業績的強大組織。

領導者是希望對方成功的人，希望對方成功的話，對方也會支持我們的成功。聽起來簡單，但這個簡單的概念一定能改變你的人生。

假設你想向銀行申請貸款，大部分的人會怎麼做？首先他們會向銀行的負責窗口表明來意，並告知需求。很多人以為自己只須說明想要或需要什麼，就能獲得借貸的權利。然而，負責貸款的行員對你的希望和需求，或許並不在意，就算他想幫你，但有更重要的優先事項，就是對銀行的義務。換句話說，他的職責就是要確實滿足銀行的需求。

一旦學會「說服的超級秘訣」，你的做法將完全不同。你會問自己：

「銀行真正想要的是什麼？需要的是什麼？我該怎麼做，才能把自己和銀行的需求結合在一起？要怎麼做，才能讓雙方都滿意？」

別忘了，不管面對什麼提問，我們的腦都會給出答案。

「試想，銀行的首要需求是保住本金，他們要看到我借錢必還的證明。這是當然，我本來就會提出保證。但他們想知道我會不會遵守這個約定，畢竟毀約的不在少數，想必銀行也有過很多不愉快的經驗。第二個需求是利息，他們想確定這筆貸款會帶來穩定的利息收入。第三個需求的必要度較低，如果本金能保證收回，利息也能確定入袋，他們會更願意借給對當地社會貢獻較大的事業吧。」

像這樣完成準備後就可以進行交涉，接下來該做的只是把銀行想要的給他們而已。雖然聽起來有點倒果為因，但想實現自己的夢想，就必須實現對方的夢想。我贏你輸是不可能的，想贏就只能一起贏，除此之外的勝利都是錯覺。去銀行該談的不是自己想要什麼，而是銀行想要什麼。

「這筆貸款我當然會還，看我準備的資料就知道有足夠的擔保可以維持貸款。另外，以連帶保證人的資產和收入來看，就算擔保的價值下跌，貴行要拿回本金也綽綽有餘，希望你們明白。我也準備了完整的事業計畫書。根據市場調查顯示這方面需求正在上升，測試行銷結果也非常理想。我們有強大的管理團隊，對這個市場的經驗也很豐富。從這些條件可以看出，我們要支付利息並不難，獲利也足夠。就算經濟情況惡化，相信這計畫帶來的收入仍足以支付利息。還有一個重點，就是這項事業能為本地帶來許多就業機會，那些就業者將來也可能成為貴行的客戶。當然有了這筆貸款後，本公司也會考慮和貴行有更多的業務往來。」

我以前當公司負責人時，都是這樣貸款的，而且從沒吃過任何銀行的閉門羹。不要談自己想要什麼，要談對方的需求。用這個方法可以最快得到雙贏。記得，**不是雙贏就是雙輸，只能二選一，沒有中間選項**。

不是雙贏，就是雙輸

沒有比宗教更能體現這個原則的真實性。為了證明自己的教派比較優秀，不惜讓同胞流血，結果也只是讓世界知道，我方同樣沒有道德和神的指引。像這樣的宗教戰爭比比皆是，雙方都是輸家。

在一八〇四年的法國國內財政紀錄，有一句拿破崙寫下的話，如果宗教人士都遵從這句話，應該會更好。

「宗教再次取得對社會的影響力，但這份影響力只用在人道行為上。信奉同一宗教的不同教派的牧師們，都遵守賢明的寬容政策，透過互相尊重對自己表示敬意。因此他們的競爭意識，就僅限於美德方面的競爭了。」

唯有雙贏，才是一切。寬容和道德的影響力比暴政和暴力更長久，這是世間的常理。

試想，當你必須說服別人採取行動時，如果從對方的需求出發，你的需求會被放在什麼位置？你要怎麼做，才能同時滿足自己和對方的需求？

我必須說服的人是……

對方的需求是……

根據對方的需求，我會這樣說明狀況……

現在，你已經得到領導者要進行良好溝通時必備的一切工具。你能展現關懷，分享經驗，建立信任關係，運用幫助理解的五樣工具讓溝通更正確，然後找到讓對方得償所願的方法，並透過自己的連貫性進行有效的說服。

到此，**「成功9步驟」**已介紹完畢。接下來，開始實踐吧！

在這一章學到的事

我在這一章學到的重點是什麼？

我做出什麼決斷？

我現在能馬上採取什麼行動？

第五部

開始實踐

A Call to Action

彼得．杜拉克說：「一切偉大的戰略，最後都是透過不起眼的工作來實現。」在完成學習、訂好計畫後，下一步就是展開行動。是時候實現自己的理想人生了。現在就開始！

來，展開行動吧！

恭喜你終於看到這一章！相信你已經學到不少了。我們重新回顧一下。我們學到健康知識，討論時間管理，也學到有效溝通和領導方式，優秀的決策方式，以及加速學習的策略。此外，你也找到能控制情感的全新可能性，定出自己的願景，設下明確的目標。

現在，該是採取行動的時候了。你要擺脫惰性，開始朝目標邁進。你可以改變方法，嘗試和以前不同的事。你可以挑戰原以為不可能的事，全心投入人生，實現夢想。相信你一定非常興奮。

你或許會煩惱**「究竟該從哪裡開始才好」**，畢竟該做的事太多了。本書的資訊量過大，會讓人不知從何著手，所以這一章就是為了千頭萬緒的你而寫。為了讓你能馬上開始實踐「成功9步驟」，我介紹幾個簡單的實踐方法，不但可以明顯改善你的生活品質，還能成為把「成功9步驟」**內化為習慣**的重要提示。

人生中有小事也有大事，只要從小事做起，很快就能開始做大事。德蕾莎修女開始在印度的慈善工作時，曾遭受很多批評，像是「問題太大了」「憑妳一個人根本無能為力」「這是政府該做的」「就算幫了一個流浪漢，還是會出現下一個」等等。直到獲頒諾貝爾獎時，她才回顧自己的人生，感慨地說：「**如果當初沒在加爾各答撿回第一個人，就無法拯救至今為止的五萬人了。**」

從能做的事開始做吧！這就是成就偉大事業的秘訣。

步驟1：決斷

首先，建議你養成做決斷的習慣。你現在就可以做出一個改變人生的決斷。你有什麼遲遲不肯做的重大決定？現在就能下定決心，堅信未來不管發生什麼事，都一定會超越困難實現這個夢想、這個目標。你要在深信不疑的狀態下，抱著必勝的信心做出決斷。

決斷是帶來結果的原因，也是行動的開端，可以說是影響往後一切的終極之力。你可以隨時利用這股力量，改善自己的生活。

步驟2：學習

建議你選一個人當模仿的對象，幫助你加速學習。想想看，如果要改善得到的結果，你會模仿哪個人或哪個組織呢？又有誰曾走過你打算走的道路呢？就算你只想簡單一點，找一對婚姻美滿的夫妻，觀察他們如何經營婚姻。不然你也可以拿同行中業績亮眼的公司當對象，分析他們的經營手法。

總之，你可以從單純的事開始做，至於難度較高的，以後再做也不遲。現在，馬上選出你要模仿的人選。對方有什麼想法和信念？有什麼行為模式？他把自己的焦點放在哪裡？為了得到結果，他以何種方式運用身體？用字遣詞的方式又是如何？

步驟3：健康

在健康方面，希望你接受三十日挑戰，這會改變你的人生。

1. 立刻禁菸！
2. 不喝酒。

3. 不喝咖啡和紅茶，只飲用水和新鮮果汁。
4. 不吃肉、魚、乳製品。
5. 不吃加工食品和垃圾食品。
6. 一天做三次深呼吸。
7. 遵守食物比例，水分豐富的食物要占飲食的七成。
8. 每週做三次有氧運動，每次三十分鐘以上。
9. 不要吃太多！
10. 放鬆心情，享受人生！

現在正是進行體驗的好時機，這會帶來更高層次的能量和活力，幫助你實現夢想。你值得，你的身體值得，你的人生值得，所以你的夢想更值得這樣的能量與活力！

步驟4：情感

掌控自我的情感，可以試試這兩個實驗！

第一個實驗，從今天起連續三十天不說任何負面的話。與其批評別人，不如改善狀況。與其感嘆世上有多悲慘，不如找出美好、正面的事物。希望你能想想自己現在身處的狀況有哪個部分不錯。與其說「這麼做會引發事故」，不如說「讓我們安全駕駛吧！」

希望你對每個遇到的人，都能說正面的話！一開始，大家可能會用懷疑的眼神看你，但等你獲得出色成果後，他們都會感到驚奇，開始相信你充滿力量！

第二個實驗，寫一句自己想成為什麼人的咒語，每天至少花五分鐘反覆念誦。唸大聲一點，語氣強悍一點。連續三十天念誦這個新咒語，養成對自己的潛意識進行編寫的習慣。

步驟5：目的

如果想持續保有明確的目標，你可以在接下來的一個月內，每天找機會複習自己的目標。只要這樣就好，雖然簡單，威力卻很強大。

步驟6：計畫

如果想提升時間管理的能力，你可以在接下來一個月實踐「一週計畫表」。

確定情感沙拉吧，找出得到那些情感的方法。執行項目清單不必全部做到，也不必急著馬上實現所有想要的結果。只要在每天的生活中體會到美好的情感即可。

你要相信自己可以天天充滿力量，充滿幹勁，感受幸福，感受活力，被滿滿的愛包圍，懷著感謝的心生活。只要過這樣的生活，想要的結果必會隨之到來。

步驟7：行動

如果想培養果斷行動的習慣，你可以選擇一個目標，為這個目標嘗試你過去絕不會做的事，而且至少三件以上。透過大膽行動，就能徹底打破以往光說不練的行為模式。同時，你也能活用阿拉丁效果去追求想要的事物！

步驟8：改善

如果想改善自己的做法，你可以從一起生活的人，一起工作的同事，以及重要的伴侶中找出至少三人，請他們提供你反饋。

你可以問他們，你的長處和短處是什麼，你的行為模式哪些成效很好，哪些效果不彰。收到反饋後，你也不必為結果苦惱，只要當成一種資訊客觀面對，該改善的地方改善即可。如果要進行改變，最好從簡單的部分開始。希望你能容許自己有機會成長。

步驟9：領導力

如果想提升自己的領導力，有兩個簡單的方法。

第一個方法，是在出乎意料時，以出乎意料的方式，送出乎意料的禮物給別人。你可以對家人、員工、同事、顧客試試看。總之做些反常的事，就算只做一次也好，在你的人生中勇敢挑戰吧。這應該能成為一輩子難忘的回憶。

第二個想推薦的方法，就是練習如何完全掌握「明確語言模式」和「設身處地」的技巧。當你想學習溝通技巧時，這會是最好的入門。至於其他技巧，等以後再來研究也不遲。請你重新複習這兩項技巧，找到能和你一起練習的夥伴，然後把上面的範例多演練幾次。

所謂「設身處地」，就是用自己的話再重說一遍，別人告訴你的內容，以及說話時的心情。

「明確語言模式」由八個要素組成：

1.「太過〇〇」＝和什麼做比較？

2. 沒有內容的名詞＝是誰、是哪個、是什麼，具體來說？

3. 沒有內容的動詞＝什麼、怎樣，具體來說？

4.「應當」「不該」「必須」「不可」「不能」＝如果這麼做或不這麼做，會怎樣？

5.「總是」「所有」「大家」＝總是嗎？所有嗎？大家嗎？

6.「是這個，還是那個？」＝有什麼其他的可能性嗎？你能想到〇〇嗎？

7.「不知道」＝如果知道，你會怎麼想？你會怎麼想像？你會怎麼推測？有什麼可能性？如果順利會怎樣？如果不順利會怎樣？

8. 話只說一半＝然後呢……比方說……但是……也就是說……

更深入學習！

我想給你的最後建議，就是讓自己有機會更深入學習。成功是旅程，沒有畢業的一天。有句話說得好：**「持續就是力量！」**

你可以到我的官網（www.jamesskinner.com）看看，上面有很多能幫助你成功的資源。

希望你能找到各領域中最優秀的老師，進行更深度的學習。其實好機會到處都有，希望你能為自己累積深度學習的經驗。你能做的最佳投資，就是投資在自己身上。

如果現在就想改變你的人生，你可以……

1. 做出決斷。
2. 選出要模仿的對象。
3. 接受三十天健康挑戰。
4. 使用正面的言詞。
5. 每天花五分鐘念誦新的咒語。
6. 每天複習自己的目標和使命宣言，持續一個月。
7. 每週填寫一週計畫表，持續一個月。
8. 選定一個目標，為實現目標採取果斷行動，至少三項。
9. 找同住的人或一起工作的人提供你反饋，至少三人。

10. 掌握「設身處地」的技巧和「明確語言模式」。

11. 給自己更深入學習的機會。

12. 每天都要過得開心！

結語

自然界的一切都會循環。我們也自成一個循環。每當抵達終點，都是另一個開始。是時候開始實現夢想，開始實踐知識，開始朝成功邁進了。

人類能做的事，多得讓人驚嘆，問題就在於你會不會真的去做。相信你一定會做的，因為你就是這樣的人，因為你就是為此來到這裡。

有個故事，講的是某人在去世後來到天國的遭遇：

他穿過天國之門，來到神的懷抱裡。神賜予他回顧自己一生的機會。人生中發生的每一件事，都會化為沙灘上的腳印，被記錄下來。當他開始回顧人生時，發現沙灘上的腳印竟是兩人份，不免大吃一驚。他抬頭仰望神，神就回以充滿慈愛的微笑。這一刻他頓時明白，原來人生的每一步，都有神相伴。

但是，當他看到人生最艱困的場面時，沙灘上只有一人份的腳印，於是一臉苦惱地抬頭問神：

「為何在我人生最艱難，最困苦的時候，您要棄我於不顧呢？」

神就回答他：

「當時我並非捨棄你，而是負你前行。」

人生是寶貴的禮物。縱使只能陪你一同走過人生的一小段路，我仍由衷感到光榮。有機會為你的成功做出些許貢獻，對我而言就是無上的幸福。在本書接近尾聲之際，我想藉此闡述我對成功的信念。

成功並非金錢。

擁有金錢不會帶來幸福，因為金錢不是你。

獲得物質不會帶來幸福，因為物質不是你。

地位和名譽也無法帶來幸福，因為名譽不是你。

能讓你得到幸福的，唯有你自己。

亞伯拉罕·林肯曾說：

「人在心中做出多少決定，就能得到多少幸福。」

幸福必須發自內心。你必須遵循自己的價值觀而活，必須做正確的事，必須為世界獻上自己最棒的禮物，必須心中充滿愛，幸福才會到來。

你擁有豐沛的愛，擁有寬容的精神，擁有開朗的性格。面對不幸時，鼓起勇氣；好運降臨時，保持謙遜。超越自我的界限，探索幫助別人更幸福的道路。這麼做的你，幸福必定隨之而來。

由衷感謝你讀完本書。因為你的閱讀，這本書更有價值了。最後請記得，無論人生中發生什麼事，你都不會是孤單一人。

我會為你祝福，希望你美夢成真。

圓神出版事業機構 Eurasian Publishing Group 用心與你對話・視野無限寬廣
圓神出版社 Eurasian Press
www.booklife.com.tw reader@mail.eurasian.com.tw
天際系列 019

成功9步驟：誰都能做到！一生富足的終極秘訣

作　　者／詹姆斯・史金納（James Skinner）
譯　　者／謝如欣
發 行 人／簡志忠
出 版 者／圓神出版社有限公司
地　　址／臺北市南京東路四段50號6樓之1
電　　話／（02）2579-6600・2579-8800・2570-3939
傳　　真／（02）2579-0338・2577-3220・2570-3636
副 社 長／陳秋月
主　　編／賴真真
責任編輯／沈蕙婷
校　　對／沈蕙婷・賴真真
美術編輯／林雅錚
行銷企畫／陳禹伶・黃惟儂
印務統籌／劉鳳剛・高榮祥
監　　印／高榮祥
排　　版／陳采淇
經 銷 商／叩應股份有限公司
郵撥帳號／18707239
法律顧問／圓神出版事業機構法律顧問　蕭雄淋律師
印　　刷／祥峰印刷廠
2024年7月 初版

本書第二部STEP3提供的健康相關資訊不應取代專業建議，請務必諮詢合格的健康攝取或運動指導專業人士。如何運用本書，請由讀者謹慎斟酌後自行決定，也由讀者自負風險。作者與出版社皆無法為運用或誤用本書建議，或因未採取專業人士建議而產生的任何損失、索賠或損害負責。

定價 480 元　ISBN 978-986-133-928-3

人生是寶貴的禮物。縱使只能陪你一同走過人生的一小段路，我仍由衷感到光榮。有機會爲你的成功做出些許貢獻，對我而言就是無上的幸福。

——《成功9步驟》

國家圖書館出版品預行編目資料

成功9步驟：誰都能做到！一生富足的終極秘訣／詹姆斯．史金納（James Skinner）著；謝如欣 譯.
-- 初版. -- 臺北市：圓神出版社有限公司，2024.07
392 面；14.8×20.8公分. --（天際系列；19）
ISBN 978-986-133-928-3（平裝）

1.CST: 成功法

177.2 113007002